缮性：拯救你自己

上一章说到庄子的救世之心，救世太难，那就从自救做起吧。人为什么会陷入百般痛苦？除了环境的原因外，主要是自己受了俗学俗思的歪曲与钳制。这里，《庄子》宣称，只有庄学保持了特立独行的清醒明澈。学好了庄，可以减少许多自寻苦恼，也可以减少许多上假冒伪劣的高人高论的当的危险。学好了庄，你才不至于成为「倒置之民」，才不至于自己把自己总是倒吊在房梁下。世人皆醉而我独醒，世人皆浊而我独清，世人倒吊而我独正。庄子独具慧眼，看明白了多少事理，又看穿了多少假象。读得明白庄子的人有福了。庄子终于渐渐被人读明白了，幸甚至哉，咏以释怀！

一　反潮流的夫子自道

缮性于俗学，以求复其初；滑欲于俗思，以求致其明：谓之蔽蒙之民。

依靠流俗的认知与学理来培育塑造自己的性情人格，意欲以之恢复自己的本真与素朴（或是意欲体悟世界的本源与根基）；任凭流俗的思想观念来调理把握自己的心志欲望，意欲以之达到明白透彻，这样的人，就是被流俗所蒙蔽的人。

俗学俗思，可能是指随大流的舆情，可能是指该时的主流文化、主流意识形态，可能是指该时忽悠得最起劲的儒学。

那么，蔽蒙即蒙蔽又是什么意思呢？既然流俗的即多数人认可的东西其实是蔽蒙人众的偏见、陋见、浅薄廉价之见，那么不受蔽蒙的老庄思想，庄学，真正的精英思想，在当时就是完全不占主流地位的「另类」了。用当今的语言来说，庄子的一套是对于主流与大众的挑战，他和他的弟子们是以「反潮流」的「众人皆浊而我独清，众人皆醉而我独醒」

《王蒙讲说《庄子》系列》

五六一　五六二

的姿态出现的，他们认为他人多被蒙蔽，只有自己清醒深刻。「反潮流」是毛泽东在「文革」中提出来的一个口号，提这样的口号，说明他老人家已经意识到，所谓他亲自发动与领导的「文革」，在舆论上、学理上、观念上、群众心理上，如果在现今就是说不论在喉舌上还是网络上都不占优势，叫做已经处境不妙了。

这样的对于俗学俗思的声讨，还说明庄子对自身的处境与地位有一个估计，对自己与俗学俗思的关系有一个定位。

如果你不是在投合或暗合或巧合主流与大众，你就会强调天理即是常识，民心即是天心，顺应便是智慧。如果你是在挑战，在振聋发聩，在独树一帜，意欲自立门户，自成一家一山头，那么你就会强调真理往往掌握在少数人手里，强调一个人不惜与全天下作战，论万世而不是论一时。文人学者，可能不算精明，可能斗不过精明的政治家尤其是掌握了权力的政治家，但也不算傻，他们会选择旗帜与调门，达到成效、影响、名声与利益的最大化。当然，也可能文人学士们不全是有意为之，而他们不同的风格、思路、观点，各有各的特色。

至于庄子呢？他第一是天才，思辨与文章的天才，因之他第二的确实敢于瞧不起、敢于嘲笑功名富贵、俗学俗思、修齐治平那一套。第三，他不可能绝对地免俗：他的文章有时失之夸张，有时失之强辩，有时失之矫强或矫情。他自觉不自觉地在那里炒自己，很难为之遮掩。第四，缺点再多，庄周是不二的唯一。

你可以挑出庄子的毛病，并不费力。然而，他仍然是古今思辨加文章的第一人。大哉庄子，庄子之前，再无庄子，庄子之后，再无庄子。这本来是后人歌颂孔子的话，用到这里来歌颂庄子也完全适用。其实这样的颂辞未免声嘶力竭，而且同样适用于歌颂李白或者康德，这样的颂辞并不高明，录以解颐罢了。

复初致明的说法言不尽意。第一，为什么要复初，复到哪里去？怎么个复法？可以看看话剧《日出》，陈白露原

来也是一个纯情少女，后来成了旧中国上海滩上的交际花，花天酒地，腐化堕落，她要复初就要脱离交际花的地位与

生活方式，复到哪里的问题则仍然麻烦，回乡务农能够给她带来多少快乐与光明？到了《雷雨》那里更麻烦，四凤大了，

会有男女之情恋，复成小丫头，怎么个复法？老王今年走向七十六岁，复到三十岁还是十三岁时期呢？靠俗

学复不成，靠绝学或者靠后现代的学问都复不成啊。

朦胧中似乎又有所认可，至少是青年时代吧，人会更纯洁些、热情些、真实些，也性情些，那么能不能多保持一

点当初的本真，少学点后来岁月造成的尘封、遮掩与委蛇、变形呢？

致明的问题也令人困惑，知白是明吗？止水可以明鉴，槁木死灰还要那些明察秋毫作啥？要混沌还

是要明白？

人生诸问题，读庄诸问题，不可以不见不思不问，亦不可追究太过，只能求个大致大概大约。最后，尽信书不如无书，

无书却又大大地不如有书啊。没有了庄子《庄子》，生为华人，将失去多少思辨的享受与共舞的感觉！

古之治道者，以恬养知。知生而无以知为也，谓之以知养恬。知与恬交相养，而和理出其性。夫德，和也；道，理也。

德无不容，仁也；道无不理，义也；义明而物亲，忠也；中纯实而反乎情，乐也；信行容体而顺乎文，礼也。礼乐遍行，

则天下乱矣。

古代研究论述大道的人，主要是以恬淡的态度来滋养、丰富、充实、补充自身的智慧知识。他的智慧是产生出来了，

王蒙讲说《庄子》系列

五六三

五六四

但是他并不以智慧去作为。（或谓『生而无以知为也』，不要前面的『知』字，则意指人是要生活的，但是不以智慧

知识作依靠来搞什么名堂。）故而也可以说是用智慧知识来滋养、丰富、充实、补充自己的恬淡。智慧与恬淡互相滋

养、丰富、充实，人就可以做到和谐平顺。德的核心是和谐、和穆、和平；道的实质是合情合理、平顺自然，符合规律。

德包容一切，就是仁；道顺乎一切，合乎一切之理，于是能够亲近外物，能够有足够的爱心，就

是忠，内心纯朴实在，而且反映在情感上，就是乐；行为诚信准确，举止容貌得体，合乎文明的形式、程序，就是礼。

礼乐遍行或偏行，即片面地强调礼乐，离开了道与德，离开了恬淡、智慧、仁、理、义、忠等根本，去大搞形式过场

的礼与乐，则只能搞乱天下。

这一段比较富有传统古籍的那种空对空、概念到概念的循环论证的特点，它们热衷的是论述ABCD的同一性，叫

做有A则B，有B则C，有C则D，而有D则A。它们甚至反映了我们老祖宗的一种精神上的懒惰和求方便求捷径的

思维习惯。我们倾向于幻想进入那种一通百通、一顺百顺、迎刃而解、一胜百胜的境界。例如得了道就有义，有了德

就有仁，也就有了容，有了理，有了明，有了礼，总而言之，什么都有了，吗也不缺了。这更像是美梦，

而不完全是修齐治平或人生求学的过程。

但这里也有些不同，道呀德呀仁呀恬呀知呀忠呀义呀，都是正面的概念，拼凑出来的是乐与礼，乐与礼基本上还

是正面的概念，但遍行或偏行起来，就会天下大乱。它的论式是正正正正反，一直正下去就会走到自己的反面，这

个思路好生生有趣。

它的某些见解不无可启发处，比如认为恬淡、道德、仁义、忠顺乃是根本性、原生性范畴，而礼乐是次生性范畴。

用智慧与恬淡互相涵养，这是高明之论，很妙。只有单一的恬淡未免消极抑郁，将生命彻底空洞化的结果，如果闹不

成神仙，则更可能变为白痴或趋同于白痴。过度玩弄、显摆、贩卖智慧、计谋、词藻、花招、浅薄、廉价、

自毁形象与成就，而且为智谋而智谋显示的是无根本无底线的机会主义，投机奸诈。能以智慧与恬淡互养，即《庄子》

所说的「交相养」，妙极。恬淡使智慧厚重仁慈，智慧使恬淡心明眼亮。其实不仅知与恬，很多事很多品质都需要

交相养起来。如执著与超越，自信与谦虚，顺其自然与恪尽人事。

但是，这一段的说法与《庄子》全书其他地方的一些说法又颇不相同，老庄其实是常常大批大嘲仁义道德之说的。

古代不讲文责自负与知识产权，遇到前后矛盾、自相悖谬的文章段落，读者只能容忍，再加上自己去选择判断。何况

自古以来都说是外篇颇多伪作，即庄子的门徒以庄子的名义所作的是无根本无底线的机会主义，投机奸诈。好在我们的着眼点不在于谁作的，甚至也不在于它

的论点的一贯性与逻辑性，而在于哪些说法有意思，有趣味，有启发，有参考价值。我们讨论的不是某个博士生的论

文答辩，而是一本已经流传两千多年的内容丰富，汪洋恣肆的好玩的书。

自然而然的德性本性，变成了矫揉造作或者卖弄作秀。古人们生活在混一与迷茫之中，他们的一生（或者说是他们与

彼正而蒙己德，德则不冒。冒则物必失其性也。古之人，在混芒之中，与一世而得淡漠焉。当是时也，阴阳和静，

鬼神不扰，四时得节，万物不伤，群生不夭，人虽有知，无所用之，此之谓至一。当是时也，莫之为而常自然。

人们都走上了正道，接受了大德的教化熏陶，就用不着过度地强调德呀德呀的了。过度强调的结果是人们失去了

物不受伤害，也不会互相伤害，众生都能终其天年，不会夭折，那时的人虽然有智慧知识，却根本用不着，也无处可用，

真实与朴素，造成装腔作势，人为作态，沽名钓誉，徒走过场。一件好事，一本好书，一个好的思想，本来大家欢迎，

这就是人们向往的最高的无差别无矛盾不分物我的纯一境界。那个时候，谁也不需要有什么作为，而一切听其自然，

无为而自然运动得当。

王蒙讲说《庄子》系列

整个世间）都是处在恬淡静寞之中的。那个时代，阴阳和谐平静，不闹鬼神邪异，四季运转有定，节令节律正常，万

人类的共同弱点之一，任何过分强调，必然暴露出来的，恰恰是自己的不足。过分强调，其结果是破坏了自然而然的

过分地强调某一种品质或者法则，叫做「冒」，不知与今人所讲的冒失、冒尖、冒昧、冒然是否基本同义。这是

一见就躲，这样的例子比比皆是。例如「文革」中的某些学习讲用就是如此。这样的问题，却原来打老庄时期人们已

经发现到认识到了啊。

俄罗斯作家克雷洛夫的寓言《杰米扬的汤》也是说这个。

人们所讨厌躲避为止。如今有多少这样的事例，一个好东西，却硬是通过生拉硬扯、反复灌输、强制说教、念念有词，

杰米扬汤做得好，受到好评，他就拼命做汤，直做到为

令众人讨厌反感起来。

相信古人比令人生活得更好，崇拜简单，厌恶复杂，崇拜纯一，恐惧分裂，害怕二、三、四、多；崇拜混沌迷茫，

拒绝智谋明晰；崇拜淡漠平静，深知激动、热烈、急躁的害处……这样的价值取向不但古已有之，而且儒道同理。道

王蒙书法《五千》系列

五六六

五六五

家这方面的道理最多，但儒家与整个社会也有许多认同。例如孔子也讲「巧言令色，鲜矣仁」（《论语·阳货》），又说「民可使由之，不可使知之」（《论语·泰伯》）。而诸葛亮所讲的「非淡泊无以明志，非宁静无以致远」，已经成为名言，被整个中华民族所接受。这样的价值取向构成了中华传统文化的特色之一，不免有知其一不知其二的弱点，即太缺少竞争进取献身的一面了。

把淡漠成这样好的词，很有特点，如今我们多将其视为贬义词，认为淡漠是冷淡、漠不关心、迟钝、不在意、半死不活的意思。而追求体验的西方人，希望得到的是刺激，是热情，是强烈，也是痛快淋漓。这固然是一方面，但也还有另一方面，越是高档的生活与体验，越会相对淡泊一点。高档的餐饮往往会比低档的餐饮在味觉上淡泊一些，高档的服装也往往比不发达地区的服装色彩更淡雅一些。这究竟意味着什么呢？国人的生活调门，我们的传统看来，总体上看比较强烈浓郁，大轰大嗡，这要不要反思一下呢？我们也明白君子之交淡如水，还有亲戚远来香嘛，戏曲，适当地淡化某些感受，淡化某些反应，确有其可取处。渴望简单，渴望朴素，值得人们深思。不能由于文化的发展、生产力的发展与物质生活条件的改善而使人们的生活日益复杂化，复杂化带来的一定不是幸福指数的提高，而是相反。例如，婚姻生活的复杂化、利益化、商业化，甚至级别地位化，会使人感到恶心，而向往原始单纯的「裸婚」。卫生保健的复杂化、高成本化，使人们向往原始人的穴居或树巢时代。教育的大大的复杂化，尤其是我国的幼儿园也搞什么智力开发，神童培养，已经剥夺了无数儿童的童年。我们如何能不羡慕「至一」的状态，有知而无所用的状态呢。

王蒙讲说《庄子》系列

二 警惕人类文明的下衰可能

逮德下衰，及燧人、伏羲始为天下，是故顺而不一。德又下衰，及神农、黄帝始为天下，是故安而不顺。德又下衰，及唐、虞始为天下，兴治化之流，浇淳散朴，离道以善，险德以行，然后去性而从于心。心与心识知，而不足以定天下。然后附之以文，益之以博，文灭质，博溺心，然后民始惑乱，无以反其性情而复其初。

及至德性与天赋走上了下坡路，到了燧人发明了火，伏羲发明了符号文字，他们力图对天下有所贡献作为，天下虽然尚称平顺，但已经出现纷歧花样，已经不是那种纯朴齐一的民情世道了。德性、天赋继续走下坡路，到了神农、黄帝治理天下，又是尝百草搞医药，又是建立农耕文明，又是战胜对手统一天下，制定各种法度文化，虽然能一时安全稳定，但人们的心情并不平顺舒畅。再继续走下坡路，到了唐尧、虞舜治理天下，兴起了教化、说教、规范的风尚，浇薄淳厚，瓦解质朴，离开了大道去讲求什么善恶美丑，用危害德性的方式干涉人的行为，不是按照正确性，而是按照对于利害得失的计算、心机来做事。心与心互相摸底设计（或者是互相斗心眼），便不足以安定天下了。然后再加上种种文饰、花样和包装，还不够，再加上博学与信息引，知识信息的膨胀与点缀，结果是文饰与花样替代、消灭了实质与本真，博学与信息淹没了心志与真性，再也回不到当初那种原始生态的天性与真情了。

如果达尔文、赫胥黎的主张是进化论的话，那么此地庄子的主张可以称之为恶化论、退化论。他列出了原始古人——燧人、伏羲——神农、黄帝——唐尧、虞舜这样一个渐行渐下、衰之微之的恶化路线图。人们有怀旧情绪是可以理解的，制造科幻大片宣扬潘多拉星球的阿凡达也是可以理解的。有些方面肯定是今不如昔，例如环境、气候方面，确实

是近现代人的胡作非为造成了这样大的麻烦。还有，从全局来说，文化与科技、生产与经济的发展并不总是意味着人

们幸福指数的提高。但是干脆把人类的历史定性为『下衰史』，虽然也算得上别树一帜，振聋发聩，有警醒凡俗的作用，

但不无夸张、闹心，不无危言耸听。

各种理论信仰，都有产生原教旨主义或名基本教义派的可能，而《庄子》这里宣扬的是原人旨主义，即人类本身

的原性旨主义或原道旨主义。为什么中国这么早就有了批判文明文化，批判历史发展，怀念原初原始，否定历史发展

的思潮？这极值得思考。一，春秋战国的乱局令人愤慨失望已极，令人早早地就向后看上了。二，春秋以及此后时期

的无所用于世的士人、学者、辩士、头脑发达，牢骚满腹，郁闷激愤，语不惊人死不休。三，确实，中华文化是早熟

的文化，是先期超越却漏掉了许多应有的过程的文明，它有几分未老先衰，未至先返。是不是这样？姑妄言之，有待

细细琢磨。

五六九 五七〇

由是观之，世丧道矣，道丧世矣，世与道交相丧也。道之人何由兴乎世，世亦何由兴乎道哉！道无以兴乎世，世

无以兴乎道，虽圣人不在山林之中，其德隐矣。隐故不自隐。

从这里可以看出，世间丢失了大道，大道也丢弃了世间——天下、天下——世间与大道相互败坏与相互脱离了。

得道之人再也出不来了，他们已经失去了产生与兴起的世间依据与现实条件。世间，社会也已经失去了因大道而复兴、

振兴的可能与起点。道已经不可能改变、救援这个无道的世间，世间也已经不可能因道而兴旺发达起来。这样的世间，

即使圣人不遁入山林，他的德性天赋也是表现不出来的。世间的非道无道状态已经将圣人的大德遮蔽隐藏起来了，圣

人自身反而不需要有意地退隐了。

人自身反而不需要有意地退隐了。

这一段话相当沉痛警醒。已经是暗无天日了，阴云满天，迷雾遍地，太阳再好也照不亮这个世间了，世间已经无

法以太阳照耀之了。好家伙！真有点气数已尽的感觉。太阳不用回避躲藏了，层层阴霾早已将太阳遮蔽隐藏起来

了。说到这里不免感到庄子的不平与诅咒，《庄子》里确实隐藏着一口恶气。圣人『其德隐矣。隐故不自隐』的说法，

在恶狠狠地咒骂的同时，又显出了几分黑色幽默，连自我隐蔽都不劳费心了。人太激愤太强调了反而现出些许滑稽，

真格令人叹息。

或谓其含义讲的是伪道，虚假之道不可能兴世，而世间也不可能等待被流俗所破坏过了的伪道、假道来振兴。有

此一说，可供参考。但如果这样讲，似与讲假冒伪劣的茅台酒不是茅台酒也不好喝一样，是不是纯属废话？故而老王

认为，所说的伪呀假呀都是解释者所加，老庄书中似乎并无讲什么伪道假道的先例。这里的原文正是指出（在他处未

曾讲过）俗学俗知和往外『冒』的教化、讲述把世间弄昏了头，使道与世两相脱离，使世间、社会、天下陷入了万

劫难复的精神灾难之中。醒醒吧，非道无道的俗学俗知俗人们！你们还在不无多余地加上『伪道』之说，无非是为了

调和俗学俗世与大道的不可调和的矛盾罢了。

自作聪明的另一面就是庸俗的和稀泥，历来如此。

而遇到这种世道，再搞什么隐居不隐居，纯粹是脱了裤子放屁，多此一举。这样的世道中，你有多少大德道行，

遇到这样的世道，偏偏还要玩什么隐居山林，自我屏蔽，只能是作

你再火烧火燎地想显示自己，也是根本不可能的。

秀，更糟糕则是待价而沽而已。后世也有所谓伟大的孤独者，其实他的伟大与孤独全是不得已，他一心想与民同乐，只不过是太不走运，碰巧闹了个姥姥不疼舅舅不爱，末了，倒成了伟大的孤独者了。这样的事自古有之。请读下一段：

古之所谓隐士者，非伏其身而弗见也，非闭其言而不出也，非藏其知而不发也，时命大谬也。当时命而大行乎天下，则反一无迹；不当时命而大穷乎天下，则深根宁极而待，此存身之道也。古之存身者，不以辩饰知，不以知穷天下，不以知穷德，危然处其所而反其性，己又何为哉！道固不小行，德固不小识。小识伤德，小行伤道。故曰：正己而已矣。

古代的所谓隐士，并不是伏下身体让人看不见，不是紧闭嘴巴不吐一句话，也不是深藏智谋不加表现，而是他们的时机与运气太背了啊。当时运上佳，他能大行其道之时，则回归至一，不露痕迹，既然天下有道，你还显山露水个什么劲？而当时运悖谬，大道丧失殆尽之时，他们就宁静深沉，销声匿迹地安心等待，这才是保存惜护自身之道。

古代善于保护自身的隐士，不用巧辩来装饰打扮自己的智慧，不以智慧来为难逼迫天下，不以智慧来为难逼迫天赋的德性，端正自信地立于自己的处所地面，回归自己的天性本性，又有什么可焦虑可活动的呢？了悟了大道，自然不需要那些小动作，掌握了大德，自然不需要那些小见识。小见识小伎俩会损害德性，小动作小花招会损害大道。所以说，只要自己做得正，也就达到做人的目标了。

实在不明白为什么两千多年前的庄子脑瓜子竟是这样够用。他指出，许多伟大的隐士（或异议分子），其实是成全了自己的倒霉，其实是被天下无道的现实所成全。他们并不伏身藏己，他们并不寡言少语，他们并不是省油的灯，只是他们的时运太荒唐悖谬了，荒唐悖谬的时运，成全了他们的形象。

而另一方面，论他们的货色，真正天下有道之时，根本没有他们的戏，既不需要他们的空谈，也不需要他们的实干，因为他们根本就不会实干。天下无道了呢？只能一边老老实实呆着待着，叫做『深根宁极而待』。要往现实中、民众

王蒙讲说《庄子》系列

五七一

五七二

中深深地扎根，要保存自己的根柢，要宁静平和，稍安勿躁，要善于等待，还能怎么样呢？不然的话，只能是自取灭亡，不论这灭亡是采取什么形式。

你可能冒然行事，自取杀身之祸。你可能急于求成，耐不住寂寞，昧着良心上错了车，乃至上了贼船，一命呜呼。你可能想不开而自寻了短见，你可能细胞恶化。你可能忽然碰对了点儿大红大紫，忽然站错了队遗臭万年，今天座上客，明日阶下囚，如姚文元。

这里也有弱者的武器的味道，能等善待，全无心火，处变不惊，徐图来日。同时这里还提出来不搞什么小行小识，既然大的时命时运都不对头，干脆认头，待着就是了。这样的根深与宁极，棒极了，也难极了呢？

三 破除官迷心窍的最有力的说法

乐全之谓得志。古之所谓得志者，非轩冕之谓也，谓其无以益其乐而已矣。今之所谓得志者，轩冕之谓也。轩冕在身，非性命也，物之傥来，寄者也。寄之，其来不可圉，其去不可止。故不为轩冕肆志，不为穷约趋俗，其乐彼与此同，故无忧而已矣。今寄去则不乐。由是观之，虽乐，未尝不荒也。故曰：丧己于物，失性于俗者，谓之倒置之民。

能够全面地获得与享受人生的快乐，这才是实现了人们应有的愿望志向。古代的所谓得志的人，不是指他们得到了官位待遇乌纱帽，而是指他们得到人生的最大的快乐与满足罢了。现而今的所谓得志的人，就是指官职待遇乌纱帽之

属于它。官职待遇到了你身上，并不像性命那样属于你自己，也并不是像性命那样，你离了它不行，（你是你，它是

它。）其实乌纱帽只不过是偶然地、或然地寄存在你身上一个时期。寄存的乌纱帽这个玩意儿，来了挡不住，走了

也不可阻止。所以说，一个人应该能够不为功名利禄而恣意开心放肆，也不必为无官无显、穷途末路而取媚、随和、

讨好俗众，能够做到无分别地享受得官与无职的快乐，这样的人当然就没有忧虑了。今天的一些人，看到原来暂时

寄存寄放在自己这里的东西被取走了，就不高兴。从他的这种不高兴上可以看出来，当初他们的快乐当中已经包含

着生怕失去这种快乐、失去乌纱帽的恐慌与荒唐。所以说，这样的人，因为外在的原因、外物的对待而失去了自我

的修持与对自我的把握，找不着北啦，同时他们因为流俗的眼光、舆论而丧失了自己本真的性情，他们是倒悬在那

里颠倒了本末因果的罪人啊。

太精彩了，如说当今某些利欲熏心的官迷然。中国的官本位观念由来久矣。原因是中国的封建体制中各种资源的

掌控是高度集中的，特别是对于士人读书人来说，有了官就有了一切，没了官就丢了一切。有了官，有志者可以推行

自己的理念，有才者可以施展自己的才能，甚至于笨人也显得聪明，丑人也显得俊俏。不但有了权力与俸禄，而且似

乎也有了专业成就，乃至有了学问知识，有了亲戚、朋友、知音。然而，庄子告诉我们，所谓官职、级别、待遇、体面、阴差

阳错、偶然巧合，如所谓天上掉馅饼、黄蛤蟆步步高升（见刘宝瑞的单口相声）之类。官职、功名、利禄是朝廷给你的，

给了你，同样可以轻而易举地从你这里收回取走，甚至还要收利息，还要剥夺你的一切以至于生命。如本段文字所说，

得官则忧忧则慌，失官则忧忧则悲。因为外在的巧合而喜乐哀愁恐慌困惑，因为外物尤其是老板的评议、反应而时热时寒时

乐时哀，讲得真生动。这就是倒置之民，倒挂在那里有待解救的罪人啊。罪人们啊，你们什么时候能够自己解救自己，

把自己从倒吊的状态下释放下来，解脱出来？至少，你要明白，这一切都是傥来，偶然到手罢了，都是寄也，都是临

时寄放寄存。京俚云：老妈抱孩子，人家的，不是你的。只有真性情、真道行、真品格、真智慧，还有你的生命形体，

才是真正属于你的。其实，往透彻里说，连你的生命形体也是大道临时的不无偶然的下载，寄放、寄存罢了，叫做『大

块载我以形，劳我以生，佚我以老，息我以死』（《庄子·大宗师》），从大道中来，到大道中去，从大块中来，到

大块中去，从无中来，到无中去。万物生于有，有生于无，道生一，一生二，二生三，三生万物，然后万物归一，万

法归一，完成了一轮悬解。这才叫看开了一点点，少一点倒置的痛苦，少一点外物带来的慌慌张张，少来点一惊一乍，

多一点逍遥，多一点自由，多一点养生。这样的性情的修缮岂不妙哉！

老王说：《庄子》中的这一段文字讲人的精神独立性比较充分。要解放自身，要取得精神上的独立与逍遥，必须

看透轩冕利禄的偶然性、或然性、暂时性、寄居性。这里的精神的独立，并不是要背叛，要揭竿而起。因为，如果你

是搞造反有理、成功的结果将会产生另外的轩冕系统，另外的权力运作，服从与制约，你仍然要丧己于物，失性于俗。

庄子的药方是淡漠、是缰性、是回归至一，是避祸全身，是根深宁极而待。其实按庄子的理念，应该是根深宁极而不待。

那就对了，就不必一直倒悬下去啦。

这是最富有散文情致与风采的一章，也是《庄子》中最脍炙人口的篇章之一。它书写灵动，气势恢宏，玄思泛漫，生气充盈，即兴交谈，随心讥讽。它舒卷云霞，纵横星汉，望洋兴叹，贻笑大方，天地稀米，毫末秋山，语大义之方，论万物之理，几近信口开河，原来别有深意，真是秋水茫茫，明光点点，神机妙算，余音绕梁，哪怕似懂非懂，仍然会得到一种欣赏与满足，得到一种解脱与超越。谢谢你，你启发了我们，文章竟然可以这样写，头脑竟然可以这样思索，话语竟然可以这样言说。没有庄子，哪里有中华人物的潇洒风流，活泼得趣！

一 望洋兴叹伟哉

秋水时至，百川灌河。泾流之大，两涘渚崖之间，不辨牛马。于是焉河伯欣然自喜，以天下之美为尽在己。顺流而东行，至于北海，东面而视，不见水端，于是焉河伯始旋其面目，望洋向若而叹曰：「野语有之曰，闻道百以为莫己若者，我之谓也。且夫我尝闻少仲尼之闻而轻伯夷之义者，始吾弗信，今我睹子之难穷也，吾非至于子之门则殆矣，吾长见笑于大方之家。」

到了秋水泛滥即秋汛的季节了，各条小溪小河的水灌入了黄河。水势浩大，汪洋苍茫，两岸、边缘与沙洲之间，有些什么东西，是牛还是马在那里活动，根本辨别不清楚。于是河神欣然，沾沾自喜，以为自己已经拥有了天下最美好最宏伟的一切。顺着水势往东走，到了北海，继续往东看，大水看不到头儿，于是河神收起了洋洋得意的表情，仰头向着海神感叹说：「俗话说，有那么一种人，听了许多种道理说法，最后还是以为谁说的也比不上自家，我就是这样的不长见识的人啊。我还听说过有的人轻视孔子的见解，也不佩服伯夷叔齐的义行义气，开始我不相信有这样的事；今天看到您的海洋的难以穷尽，我服气了，开了眼了，要不是来到您的门口，我这真是惨了，我原来的得意洋洋的样子，只能使见闻与境界阔大的高人见笑，叫做贻笑大方啦。」

《庄子》一书中这段著名的文字，描写秋水，真是漂亮。集纳川流，汇聚黄河，滔滔向东，一片汪洋，看不清牛与马的区别，如临其境，如闻波涛。尤其是「不辨牛马」四字，活灵活现，如见汪洋一片，如见汹涌动态，无论是谁也会随之而骄傲得意。谁能想到还有大海在那里等候着你呢！

王蒙讲说《庄子》系列

五七五
五七六

国人自古以来喜欢以秋水为题材写作，秋水伊人，望穿秋水，秋水明月，秋水共长天一色……它表示着明洁、澄净、美丽、深邃、雅致，许多情况下还表达着安宁与平静，像庄子所写的这样的洪水滔滔的场面倒还不多见。但《秋水》一章，仅从题目而言，也颇有魅力。

国人一般写山河的多，写到海洋的文字相当少。皇上往往只知道打江山坐江山，不知道跨海远征。孔子也是只有「川上曰」的记录，并没有海上或海滨高论的经验。只有秦始皇对海上仙山有兴趣，想派童男童女到那边寻找不死药。这里却能从黄河而观北海——应该是如今的黄海一带吧，这不能说不是庄子的心胸与想象力超乎常人的表现。

北海若曰：「井蛙不可以语于海者，拘于虚也；夏虫不可以语于冰者，笃于时也；曲士不可以语于道者，束于教也。

今尔出于崖涘，观于大海，乃知尔丑，尔将可与语大理矣。」

北海之神若说：「井底之蛙，不可能与它谈论大海，因为它是受到了空间的限制；夏天的昆虫，不可以与它们谈

论冻冰，是因为它们受到时间的规定：小头小脸的读书人，不可以与他们讨论大道，因为他们受到流俗的教化的拘束。

如今你从河岸边走来，观看了大海，才知道自身的浅陋，我们就可以讲讲大道理啦。

这位海爷堪称牛气冲天。河神谦虚自省，海神却是就势猛蹿。其实按照庄子的齐物高论，海也可以算是小水洼，井底之蛙也可以算是航空母舰，夏虫不可以语冰，北冰洋也不可以语赤道，小蛙不懂得大海，大海就懂得小蛙与枯井的风光了吗？

「天下之水，莫大于海，万川归之，不知何时止而不盈；尾闾泄之，不知何时已而不知。此其过江河之流，不可为量数。而吾未尝以此自多者，自以比形于天地而受气于阴阳，吾在于天地之间，犹小石小木之在大山也，方存乎见少，又奚以自多！」

海神继续说：「天下的水域，再没有比海洋更辽阔更伟大的了，千万条大河向海里流淌，从无休止，但是海洋永远不会盈满，尾闾那个地方是海洋泄洪之处，是连结海洋的空洞，它昼夜泄水，从不结束，但是海水不会空虚；春秋季节，不论有何种变化，海水并不增减，洪涝也好，干旱也好，这样的事对海水可说是毫无影响。海洋之水大大超过了江河，其多于江河之量是无法计数的，但我并不以为自己有多么了不起。我想我的形体来自天与地，我的气脉生命得自阴与阳，我这个北海在天地之间，就像一块小石头一棵小树在一座大山上一样，本来是微不足道，又怎么可以自命不凡呢！」

牛了几句立刻又踏实下来了，中国文化毕竟讲究谦逊。

王蒙讲说《庄子》系列

五七七
五七八

这里的对于海洋的赞颂——不盈不虚，不止不已，不变不知，也是对于世界，对于天地，对于大道的赞颂。其实世界、天地、宇宙，也是有自己的开始和发展，结束与灭亡，过程与变化的，但是与人比较起来，它们接近于无穷。真正做到永恒与辽阔无边的是大道。通过对于世界、天地、大道的宏伟与长久的体验与服膺，降低人生诸烦恼的意义，是庄子自我拯救的重要法门，书中已多次讲过类似的意思。

于是能够藐视藐小我，更藐视俗人、俗世、俗争、俗利，于是能够有所超越，有所升华，有个大境界矗立在那里了。

反过来说，藐视小我与俗世的另一面是珍惜与重视，是底气与依托。人生不满百，人体不过五尺，生也有涯，知也无涯，然而这渺小的存在是永恒与阔大的世界的一部分，是大道的功能与下载，是永恒与无穷的见证与表现。

于是瞬间即是永恒，一粒沙就是世界，一株小树，一块小石头，就是整座大山的一个组成部分，伟哉此生，伟哉此世，伟哉此道！

「计四海之在天地之间也，不似礨空之在大泽乎？计中国之在海内，不似稊米之在大仓乎？号物之数谓之万，人处一焉；人卒九州，谷食之所生，舟车之所通，人处一焉；此其比万物也，不似豪末之在于马体乎？」

「请估量一下，东南西北四海处于天地之间，不就像蚂蚁洞穴处于大沼泽中吗？而中国之处于海内，不就像一粒米置放在大仓库里吗？世间各种物种数以万计，人不过是其中之一。人群居于九州，到处种植粮食谷物，到处行车驶船，个人或一群人，也只是其中之一小点滴。以个人或一群人与万物作比较，不就像是以一根马毛与整匹马作比较吗？」

尽管古代的所谓中国与今天讲的中国含义不一样，古代并没有中外的比较，而只有中国与四海，最多是中国与藩

邦即与不发达不文明的小部落小群体的比较，能把中国放到海内与万物相比较，从而不把中国吹得太猛，这算是绝无

仅有。把人类放到万物中，而不是放到万物之上，从而不那么夸张人类或个人的重要性，这样的言论在古代是罕见的，

在今天在后现代反而像是易于被接受。庄子的思想就是那样超前，那样奇特地独树一帜吗？

「五帝之所连，三王之所争，仁人之所忧，任士之所劳，尽此矣。伯夷辞之以为名，仲尼语之以为博，此其自多也，

不似尔向之自多于水乎？」

「五帝一代又一代地承继着的（或谓「连」是「运」之误，那就是五帝运筹），三王有所争夺的，仁人为之而

忧虑操心的，能人为之而辛苦劳顿的天下的统治权，其实不过如此而已矣。又有什么了不起的呢？伯夷辞官不受是为

了名节，仲尼讨论修齐治平是为了博学，以充当师表，他们都自以为很伟大很富有，其实不过是像你一样自以为水量

浩瀚，妄自尊大罢了。」

《庄子》立论，横扫千军，高屋建瓴，不在话下：一切的有为，一切的富有与得意，最好最好也不过是河流奔跑，

用英国小说散文作家高尔斯华绥的话来说就是「小河最喧闹」罢了。而老子、庄子，立足于无，无为，无心，无言，

无咎，于是无往而不超越，无往而不胜，这才是汪洋大海呢！

河伯曰：「然则吾大天地而小豪末，可乎？」

北海若曰：「否。夫物，量无穷，时无止，分无常，终始无故。是故大知观于远近，故小而不寡，大而不多，知量无穷。

证向今故，故遥而不闷，掇而不跂，知时无止。察乎盈虚，故得而不喜，失而不忧，知分之无常也；明乎坦途，故生

而不说，死而不祸，知终始之不可故也。计人之所知，不若其所不知；其生之时，不若未生之时；以其至小求穷其至

大之域，是故迷乱而不能自得也。由此观之，又何以知豪末之足以定至细之倪！又何以知天地之足以穷至大之域！」

河神问：「那么，我们是不是可以承认天地的伟大与认定毫毛的渺小呢？」

海神说：「不，不是的。世间万物，从空间来说，量度起来是没有穷尽的，是无穷大的；从时序上说，则是变化衔接，

永远没有休止的，它们的区分与格局，是不会固定不变的，即是不断变易，不可穷尽、不可定格的。

万物万象，既谈不上结束，也谈不到开始。它们虽然有始有终，却又是无新无故（陈旧）

的。所以说，大的智慧和知识能观察到、理解到、包容起那空间的远与近，有的东西甚小，它们并没有失落憾恨的理

由；有的存在极大，它们也并不嫌多余或过大。因为它（大知）明白，量度是无穷无尽的，量度是在无穷大中进行的，

大与小都有自身的道理与依据。对于当下俯拾即是的一切，它也并无惦念欲求，不需要踮脚等待。它知道时间本来就是无穷长

的长距离而急躁郁结；对于遥远的过去与未来并不纳闷苦恼，不因时间

久的过程嘛，今在不断地变古，古则都是当时的即曾经活生生的今，对于古今又有什么可计较嗟叹的呢？它明察盈虚

得失交替的规律，今失即彼得，此得即彼失，有所得，有所失，不值得喜乐，有所失，不值得忧愁。它知道这种区分与格局本

来就是无常——并非固定的。它也明白达观于生命变化的坦途，活着，不会因之而喜悦雀跃，要死了，也不必为之悲

伤懊恼，本来有始有终或无始无终都是不可改变也无须惊奇的嘛。你想想算算一个人的一生吧，他知道的东西远远赶

不上他未能知道的东西，他活过的时间远远赶不上他未曾活过或他消失以后的时间。以他这样渺小的存在去追求无穷

与永远，这不是自寻烦恼，并无所得吗？从这个角度上看，你又怎么能肯定毫毛是小的，而天地是大的呢？

这一段极其富有哲学与数学的分量。数量——空间是无穷大的，时间是无穷久的，分割是无穷细小的，一切量度

短长大小的观念其实都是相对的，而且相对起来是永远没有边界没有底线的。那么早就有了无穷大的观念，这太了不

起了。先贤一般解释『分无常』，是说得失的区分并没有公认的常规常理，从后文看，此解释可能是不无道理的，但

也可以解释得更好些：此地的『分』字应作成分、格局、结构、分子式或内涵、比例讲，这样讲无常，其不固定、不

僵化、不教条、不原教旨主义的含义就更加深刻。

同时我尤其愿望文生义，将之解释为分割微观的无穷性。分无常，即无限的可分割性。我的解释的好处是，第一，

讲完量、时，再讲分，似乎不应该立马跳人世俗得失观念的领域，去讨论个人的几乎是商业性的得失、计较，而应该

继续讲无穷的大道。我早在《老子的帮助》一书中就指出大道的观念与数学中的无穷大观念相通。而只要具有无穷大

的观念、积分的观念，就可以从对于无穷分割，趋向于零的、微分的观念的探讨。我们不是不可以设想，《庄子》此段所讲的分无常，就是讲无穷分割的问题。果然，到了此后杂篇中的《天下》一章，就提出『一尺之捶，

日取其半，万世不竭』的著名微分命题来了。

有了身份的哲学探讨，庄子才联系实际从无穷的分割联想到区分，又从区分的观念联系到得失观念。这并非不可能。

第二，这样解释更哲学也更现代。当然《庄子》并非现代著作，但是哲学思辨古今是能够相通的，古代与现代是

能够相通的，何况，这里讨论的正是毫毛未必小，天地未必大（如果与宇宙相比），庄子未必古，海德格尔未必新，

王蒙讲说《庄子》系列

五八一 / 五八二

甚至于，一通『相对』下去，罗素未必只代表欧洲，杜威未必只出自美国，而老庄也绝对不限于中土之地。您就慢慢琢磨去吧。

时间、空间、变易、分割，所有对于世界的带有终极性的思索与探求，在带来激情与智慧的满足的同时，也带来压迫感。因为与个体的生命比较，它们太伟大。唐陈子昂诗云：『前不见古人，后不见来者，念天地之悠悠，独怆然而涕下！』但是庄子早就摆脱了这种无谓的哭哭啼啼，他告诉你：『证向今故，故遥而不闷，掇而不跂，知时无止。』

弄明白从古发展至今的大道理，远古与远眺，都不会使我郁闷，当前的唾手可得的一切，也不会使我期盼，反正时间的嬗变永远不会停止，怀念与瞻望，永远不会有结束，成就与失败永远不会是到此为止。其他大小、远近、前后、得失，生死的道理同样如此。这至少提供了另外一个角度，使人类除了悲叹永远无穷以外，也还可以往宽处想，有所自我解脱。

什么叫往宽处想呢？这个宽是什么意思呢？这里的宽，就是无穷、无常、无止、无故、不喜、不忧、不闷、不跂、不悦、不祸。这样，见解自然与俗人不同，天地未必是最大，毫毛不见得是最小，降生未必是最喜，死亡不见得是最悲……当然，这样的见解是正确的，也是高明的。

天地不嫌大，毫毛不嫌小，大者不因大而累赘，小者不因小而孤单，这表现了一种超常的理解与包容，也许还有接受与认同。同样，富者不因富而颐指气使、烧包膨胀，贫者不因贫而自惭形秽、怨天尤人；寿者不因老弱而惶惶然不可终日，夭者不因命短而呼天抢地；达者不因高高在上而凶恶狰狞，塞者不因草民低贱而灰溜溜抬不起头。这样的境界并非易事，毕竟老子那里有宠辱无惊一说，庄子这里有自己的为我所用的相对主义。真做到了这一步，金刚不坏，

谁也拿你没有办法。

「计人之所知，不若其所不知；其生之时，不若未生之时；以其至小求穷其至大之域」，颇有新意。乍一听，似乎很悲观，人之所知少于未知，所生存的期限短于未生存的时间，个体如此渺小，世界如此广大……这些似乎都让人泄气。然而，明白了这些事实之后，人才会以平常心对待一切进退成败得失，而不会搞急躁疯狂，也不会闹灰心丧气。这又是那句话，廉价的乐观与悲观都是靠不住的。认真地悲观过了，不再幻想无休，不再一相情愿，不再因碰壁而蹉跎悲泣，那才是真正的乐观，真正的阳光普照了呢。

二　河与海进一步讨论大小、内外、让争、精粗、贵贱、盈虚、为不为、然不然……

河伯曰：「世之议者皆曰：『至精无形，至大不可围。』是信情乎？」

北海若曰：「夫自细视大者不尽，自大视细者不明，故异便，此势之有也。夫精，小之微也；垺，大之殷也；可以言论者，物之粗也；可以意致者，物之精也；言之所不能论，意之所不能察致者，不期精粗焉。」

河神问：「世间喜欢思考议论的人们都说：『最精细的东西必然会失去自己的形体，最宏大的东西则谁也不可能看得到它的外围，谁也不可能抱得住它。』这样的说法靠得住吗？」

北海之神回答说：「是这个样子。从小里往大里看，永远是看不尽看不完，如果是从大里往小里看呢，永远看不清看不细看不明白。所以说，大与小各有各的特点，这是它们的情势状态所造成的。精，是最小的存在，；垺（盛大，

王蒙讲说《庄子》系列

五八四

五八三

亦可作外模子或外城郭解），是巨大中的极致；精与粗，这是人们用来分析形体的形而下的概念，如果是根本没有形体的精微的存在呢，就分不清数量——难以量化了；而并无外围的、无法界定的巨大存在或概念，体悟呢，也是数量所不能穷尽，即无法丈量、无法量化的。可以讨论讲说的存在是粗略的存在；可以想象的存在是精微的存在，奥妙而且无形；而无法言说讨论，又无法想象，即无法通过意念去把握的存在呢，则根本不存在精与粗的差别，不适用精与粗的概念。」

这是庄子又一次讨论微积分的问题、无穷大的问题，不是作为数学问题，而是作为哲学问题，却又是与数学极息息相通的问题。庄子那么早就作出了精彩的思考。这里有两个不可穷尽，两个不可言说，两个不可量化。一个是无穷大，叫做『不可围者』，即认为无穷大之外再无存在，再无外围，叫做至大无外（见杂篇的《天下》）。一个是无形，即微小的一再分割使之已经没有形体，近于零，或者干脆就是零，无法再分割。零乘上无穷大，就趋向于任何数，包括大与小。往宏观里说，天外有天，一直大到天外天天外的天的程度。往微观里说，把物质与一切存在分割再分割、分子分割成原子，原子再分割成质子、中子、电子……这叫做『子内有子』，这里的『子』是指最最基础的不可再分割的微粒。最后，想象中，意念中达到了近于零的程度，近于零，就无法再分割了。天外有天，子内有子，最终是天外无天，无穷之外再无穷，子内无子，趋向于零，一端是无穷大，一端是近于零，世界因此才是不可穷尽的。最终，终极是不可量化的，无穷大与近于零不能进行形而下的量化。

这是往深里说，如果更愿意往浅里说，我们也可以认定庄子的意思是……人们说出来的常常只是粗略的轮廓，人们

想象体会的却可能是精微的细部，而最最宝贵与重要的，却是口里说不出，而心里也捉摸不定的那分不出精与粗的混沌与变易。这很符合实际，又很带几分悖谬，令人无奈。

同时，有与无也是这样结合在一起的，叫做『无名，天地之始，有名，万物之母……此两者同出而异名』（《老子》第一章）一个是无是零，一个是有是任何数直至无穷大，老子已经对此做出了上述精彩的思辨，从零与无穷大的关系中，得出齐物的结论，进入无差别的境界。

什么叫哲学？在一般人眼里，哲学可能是最最无用的学问，空想，遐思，匪夷所思，虚无飘渺，但是它不但有可能像毛主席所想象的那样成为普遍的规律与法则，能够教人聪明，叫人百战百胜，而且能够满足人的灵性的求知与思考的需求，能够欲穷千里目，更上一层楼，从至高无上处，从大道，从哲学神——对于老庄来说这个神就是『道』——的角度，从『上帝』的终极高度解决人的许多看似永远无法解决的问题：例如生的意义，例如死的恐惧，例如生的苦恼，例如心的焦虑。且再往下看：

『是故大人之行，不出乎害人，不多仁恩；动不为利，不贱门隶；货财弗争，不多辞让；事焉不借人，不多食乎力，不贱贪污；行殊乎俗，不多辟异；为在从众，不贱佞谄；世之爵禄不足以为劝，戮耻不足以为辱；知是非之不可为分，细大之不可为倪。闻曰：『道人不闻，至德不得，大人无己。』约分之至也。』

海神接着说：『所以真正的大人，既从无害人的动机，也并无多少施恩秀仁，积德行善的考虑，不为利益所动心，为人做事并非为了借

也不会瞧不起看门听喝的差役；从不争夺贪求财物，同样也并不没完没了地推辞谦让（财物）；为人做事并非为了借

王蒙讲说《庄子》系列

五八六

五八五

重他人的好处，同样也不为了某种贪欲而拼命使力，也不因他人的贪欲或者俗鄙而轻视他们，这样的大人，特立独行，

但并不故意标新立异，在某种条件下，他们也需要随和从俗，所以他们并不特别轻视卑贱奉承之人；这样的大人，世间的一切爵位利禄，打不动他们的心，世间的一切刑戮污辱，也不会让他们恐惧羞耻；他们明白是非其实不可能分辨

清楚，大小不可能找出端倪，也就不可能为大小长短的区分而斤斤计较，辨扯数落。他们的说法是：『得道之

人并不被人称道，有德之人本身并无所得，而境界眼光远大的大人，从来不考虑、经营、表现自己。』这可以说是达

到了概括、分析万物的极致了。』

或谓此段系衍生而出者，我个人则恰恰对此段颇感兴趣。前头说了半天大呀精（小）呀无形呀无围呀量度呀意念呀之类的问题，难道只是空对空、概念对概念吗？不是吧，读到此段，颇像是由天马行空的大宗师，下凡到了养生、

齐物、人间世了，也就是从空洞的玄想又向尘凡下界了。当然，此前内篇《逍遥游》中庄子已经讲过『至人无己，神人无功，圣人无名』，但是这里，把己呀，私利呀，荣辱呀，得失呀，争让呀，清洁与污秽呀……放到无穷大与近于

零的数学思辨的大阵势中讨论，令人耳目一新，天地在握、魂清气朗、心旷神怡之感。而且这里庄子用的是以退为

进的方法，他要论述人不必作道德秀，先说不出乎害人之心，即绝无害人之心，细想，既然人不应该有害人之心，好人更

不可能有仁恩，又何必有彰显个人的仁恩、道德、善良之意呢？彰显自己如何仁恩、道德，不就是想压低旁人的品德与形象吗？如果为了谁更加仁恩，道德而争执起来，如同为选出无私之人而争执起来，这不就是太可笑复可憎了吗？

这不就是不道德、太有私了吗？老想着自己有恩于旁人，施爱给旁人，多善于旁人，是不是已经反映了自身的自我中心、

自私自利、希图回报、有求有待于人呢？

故而一个真正明白通透、高大阳光之人，绝对用不着作清高秀，也就用不着意辞让应得的利益。先说了他并不

争权夺利，那么，既然你鄙视争夺与斤斤计较之人，你又何必在意自身的形象有多么伟大或者不够伟大，有多么清高

或者不够清高呢？

还有高论：一个人既然不争名夺利，那就何必鄙夷未能完全免俗而或有争名夺利之心的庸人呢？一个人既然无意

突出自身形象，既然你也有从俗从众跟随多数的时刻，你又何必视俗人视不无阿谀奉承之耻的小人物为低贱下等呢？

这个说法实在太伟大太开阔了。如果只是疾恶如仇，只是从严从重，只是高举大旗，你不一定是伟大

之人、圣贤之人，而更像是道德的法官乃至酷吏。例如那些以仁义道德的名义动不动拔份儿，动不动对常人常理的不

够伟大辉煌强行恶毒攻击、煽惑忽悠的人。这样的人一时可以成为虚假的斗士，成为号角，成为专门捅向旁人的匕首，

成为特定的教主，却最终无利于世界的构建也。

真正的伟大可以包容与引导渺小，但是绝对不会去嘲笑与压迫渺小，也不会爱惜羽毛到病态的洁癖的程度。动辄

嘲笑与压迫渺小的伟人，不是真伟人，有些时候还只是口头的强人。动辄酸酸地洗耳朵的人也不见得一

定是许由，当然仍优于奸与马屁精。动辄含泪的仁人呢？能仁到哪里去呢？还有，另一方面，又有多少庸人、俗人，

强人、秀人视大道为不共戴天啊。慢慢咂摸滋味吧，您老。

约分之至的说法多么可爱，原因是约与分都是现今的数学概念，而约分就是把分数最最简化的意思，是把36/72

约分为1/2的意思。不闻，不得，无己，多么简单，你做到了吗？老王做到了吗？诈诈唬唬闹腾的道德秀者，谁做到

了呢？

王蒙讲说

《庄子》系列

五八七
五八八

河伯曰：「若物之外，若物之内，恶至而倪贵贱？恶至而倪小大？」

北海若曰：「以道观之，物无贵贱；以物观之，自贵而相贱；以俗观之，贵贱不在己。以差观之，因其所大而大之，则万物莫不大；因其所小而小之，则万物莫不小。知天地之为稊米也，知毫末之为丘山也，则差数睹矣。以功观之，因其所有而有之，则万物莫不有；因其所无而无之，则万物莫不无。知东西之相反而不可以相无，则功分定矣。以趣观之，因其所然而然之，则万物莫不然；因其所非而非之，则万物莫不非。知尧、桀之自然而相非，则趣操睹矣。

河神问：「我们可以进入外物的内部来观察事物，我们也可以走到外部来观察事物。不论自内自外，究竟是为了

什么，到底怎么样去区分贵贱与大小呢？」

北海的神回答：「从大道的观点看来，万物都是大道的下载，都是大道的运行，相互间本无高低贵贱的区分；而

从万物自身的眼光看来，差不多都认为自身是高贵的，而他人他物是低贱的；再从世俗的眼光看，贵呀贱呀都是机遇

都是运气造成的，与它们自身的品质与努力无关。从差别的眼光来看，你沿着求大的思路就到处发现大，万物皆大；

沿着求小的角度则到处见到小，一切皆小。天地可能被你视如小米粒，毫毛可能被你视如丘与山，你看到它们有多大

的差别就有多大的差别，你看不到它们有什么差别也就没有什么差别。以事功的眼光来观察，沿着有意义的思路

来拥有它使用它，则万物都有功能与意义；沿着无意义的思路来丢弃它否认它，则万物都是无用处无意义的，万物无

不虚无。其实有与无就像东与西一样，二者相反相成，谁也离不开谁，这边有那边就是无，这边是东那边就是西，

这就明白怎样去观察功能与意义了。而从趋向、运动、追求的眼光来观察世界，沿着事物的存在、变化各有其道理的

思路，如果你着意于万物存在与变化的理由，则万物都有其存在与变化的理由，即有其必然性、合理性，而沿着怀疑

与否定的思路来观察世界，如果你着意于万物的荒唐与悖谬，则万物莫不是莫名其妙，均属荒诞非理。如果你懂得唐

尧与夏桀他们为什么会变成荒谬，为什么必然会自以为是而否定对方，你也就明白万物趋向与运动，追求之理了。」

精彩过了会变成荒谬，而荒谬得漂亮了，会非常精彩。貌似诡辩的论述中自有其开阔处，灵动处与精辟处。有无、

内外、大小、高低、贵贱、然（是）非，以及东西南北，莫不是相反相依，各有其存在的理由，也各有其对立面，并

且时时地走向反面。

第一，万物是相对的，没有这一面也就没有另一面。第二，万物是主观的，你沿着寻大颂大的思路去观察，什么都大，

一粒微尘也不简单，也有它的结构与成分，有它的质地与规律，与天地相通，与大道相通，所以说一粒

沙里可以看到世界，一朵花里可以看到天堂，一小时中可以体会永恒，这是布莱克（William Blake）的诗。而把握其小、

认识其小呢，即使是泰山，是黄河，对于无穷大的世界来说，对于无限量的永恒来说，对于无所不包的大道来说，也

不过是一粒小沙、一条小溪。

这样的大小观当然对人有用，你权倾一时，富倾一地，名倾朝野，威倾三军，但是我用不着惧怕你，因为我研究

的是大道，我连接着的是无穷大与永恒，我保有的是伟大无边的道，比你的权威更权威，比你的财富更丰

富，比你的才学更光辉、比你的声名更高远的道——大道。贵贱更不用说了，从道的观点来看，君王有君王的高贵，

工农有工农的高贵，也许工农比君王更高贵，同时工农有工农的窘迫与难处，君王有君王的窘迫与难处。谁比谁一定

怎么样呢？从俗而言（这里的所谓俗，窃以为不一定是雅俗的俗，即不一定是通俗、庸俗，而更可能是指人众的相互

影响而形成的俗务、俗见、俗论（俗态），以俗观之，贵贱不在己（王按，那么贵贱在背景与运气），这个分析很有

生活气息，真叫说到点子上了。

有与无，然与非，更说得抽象、概括、深邃了。敢情庄子那时候已经在探讨万物包括人的存在与运动、走向与趋

势的荒谬性与合理性，以及有意义与无意义的前卫课题了。主观相对主义，既发现了存在的就是合理的，也发现了存

在的就是要消失的，因而是荒谬的。也不妨说，荒谬的存在与存在的荒谬才是合理的，只存在不荒谬不消失不变化才

是更加荒谬的，或者只荒谬只变化从不存在，是绝对不可能的，匪夷所思的。个中思想，有味道得很哪。

可惜的是中国哲人太喜欢文字、文句、文章之功了，他们往往满足于文章的风姿华彩，惊天动地、掷地有声，一

赞三叹，而缺少西人那种遇到问题死磕到底，规则逻辑丝毫不爽、科学脑瓜一根硬筋的品质与功夫。善哉《庄子》，

妙哉庄子，惜哉古代的中华诸子！

『昔者，尧、舜让而帝，之、哙让而绝，汤、武争而王，白公争而灭。由此观之，争让之礼，尧、桀之行，贵贱有时，

未可以为常也。』

『古时候，尧与舜是靠禅让而即帝位的，但是燕相子之与燕王哙却由于禅让而酿成动乱，亡命灭绝；殷汤与周武

王通过争夺权力而称王，而白公胜因为意欲争权而惨遭灭绝。由此可见，或相争，或相让，这样的礼数，是唐尧这样的贤王，还是夏桀这样的暴君，他们的行为的区分，是高贵，还是低贱愚蠢，决定于不同的时间与条件，这并非固定不变的，也不是永远可以作为范例来照搬的。

这里讲了两个对于庄子应该说是「当代」的故事。一个是大约在公元前三一八年，燕王哙听信建议，效法尧以天下让与许由的做法，将燕王的君位「禅让」给相邦子之，并把三百石以上高官的玺印全部收回，交由子之任命，子之执掌了燕国军政大权。此举引起了太子平的不满，便与将军市被合谋攻打子之。齐宣王也撺和进来表示支持太子平，乘机进攻燕国，酿成了几个月的祸难。燕王哙、太子平及子之均在这次大乱中死亡。再一个是楚平王嫡孙白公胜意欲武装夺权失败自缢身亡的故事。庄子在这里的讲法很超脱，很客观，没有那种胜者王侯败者贼的正统观念。甚至对于唐尧、虞舜这样的大名鼎鼎的贤王与夏桀这样的昏暴之君，也保持着此亦一是非彼亦一是非的中立态度，这样的对于夏桀、唐尧的客观态度相当惊人。这倒是提醒我们，我们对于历史的看法，说不定会陷入了儒家的条条框框而不自知。

而《庄子》的零温度、无是非、去价值化也有令人触目惊心的地方。原因是，当一切与一切齐物，唐尧与夏桀相当，孔丘与盗跖同类，商汤、武王与白公一流，即高贵与低贱原来是可以颠倒旋转的时候，我们的整个价值大厦、精神建构会不会崩塌呢？

「争让之礼、尧、桀之行，贵贱有时，未可以为常也。」这话是金玉良言，尤其牵涉到权力交接与转移这样的敏感问题、重大问题，在中国历史上带有血腥气息的问题，人、时、地、势、环境与传统各不相同，谁也不能书呆子式地行事，照搬照抄，自取灭亡！

王蒙讲说《庄子》系列

五九一

五九二

藏书

「梁丽可以冲城，而不可以窒穴，言殊器也；骐骥骅骝，一日而驰千里，捕鼠不如狸狌，言殊技也；鸱鸺夜撮蚤，察毫末，昼出瞋目而不见丘山，言殊性也。故曰：盖师是而无非，师治而无乱乎？是未明天地之理，万物之情者也。是犹师天而无地，师阴而无阳，其不可行明矣。然且语而不舍，非愚则诬也。帝王殊禅，三代殊继。差其时，逆其俗者，谓之篡夫；当其时，顺其俗者，谓之义徒。默默乎河伯！女恶知贵贱之门，小大之家！」

「栋梁之材可以用来攻打冲撞城门城墙，却不可以用来堵塞小穴，这说的是它们作为工具的功用不同；宝马神驹、骐骥骅骝，日行千里，但是逮起老鼠来还不如一只狸猫，这说的是它们的技能有所分别。鸱鸺——猫头鹰夜间能捉跳蚤，看得见秋毫之末，一到白天，反而成了瞎子，连山岳都看不见，这说的是它们的秉性的不一样。所以说，认定某一样是正确的，师从之，跟随之，而全部抹杀那些被这个「是」所否定掉的一切，或者认定自己是正面的东西，就只有正面的效果而绝对没有负面的「非」那个方面的后果，或者认定某种做法是通向治国平天下的，有那么靠得住吗？能那么放心吗？这正是既不明白天与地之间的互动互依互变不会引发动乱，而把一切不一样的东西视为是通向动乱与毁灭的，又不懂得万物之情性的互动互依互变的表现啊。这是幼稚的表现啊！这样的只知道一面理，就等于师法天而拒绝了地，师法阴而拒绝了阳，当然是行不通的啊。行不通却还要在那里混说个没完，不是太傻，就是太执拗太荒唐了啊。帝王之间的禅让各有其特殊条件、特殊路径，三代的继承也各有其特色。离开了具体的时间、条件，不符合具体的民心、民情、民意，就成了篡位的独夫民贼在那里生发动乱；而干得是时候，得人心的呢，就成

了高举正义大旗应天承运的仁人志士。不要再吭声了吧，河伯，你上哪里去通晓什么贵贱的窍门与大小的区分啊。

《庄子》不简单，它对政治权力运作等的论述并非纸上空谈，与《论语》《孟子》上的某些理念化、绝对化的说法比较，

它甚至于更富现实性与辩证法。这里强调了辩证法、多样性与可变性，批评了教条化、简单化、概念化，堪称字字珠玑。

此段中间所讲的『师是而无非，师治而无乱』，可以作『自以为按正确的理念做事就不会出现失误，按治理的路

线执政就不会出现动乱』解。说这样的信念是不明白天地的道理，不晓得万物的情性，太对了，越是年轻幼稚与自以

为是，越容易产生价值偏执与唯意志论，会产生顺我者昌逆我者亡的心理。会个人主观的好恶定是非、判善恶，会

只知其一不知其二，知道天不知道地，知道进攻不知道后退与防守，知道日不知道月，知道白

天不知道黑夜，知道健康不知道疾病……而这样的只知其一不知其二的人，历朝历代，是从未绝迹的啊。

这里讲：同样是禅让，不同的人，不同的时间、地点，条件，造成完全不同的结果；同样是争斗，不同的人，不

同的时间、地点，条件，其后果也是大相径庭，讲得很通俗，也很入情入理。骐骥骅骝，虽然是日驰千里，捕捉起老

鼠来却不如狸狌，不如猫，这样的说法令人想起《丑小鸭》的故事来。中西古今，同样的幽默，同样的荒唐，同样的

愚蠢与同样的错位，令人哭笑不得。

反过来，这对于自以为是栋梁、是大材的『士』，对于那些自以为不遇，而以为别人都是傻子都是混

蛋坏蛋的人来说，也大大有利于清醒。读过几本书的自命思想者，常常觉得世人，尤其是掌握权柄的人，只因为一念

之差，硬是走了错路而误了国家、人民、世界、人类的大好事。凡是把世界诸事看得这样简单的人，大致上就是《庄子》

在这里描写的那种人。

王蒙讲说《庄子》系列

五九三

五九四

河伯曰：『然则我何为乎，何不为乎？吾辞受趣舍，吾终奈何？』

北海若曰：『以道观之，何贵何贱，是谓反衍；无拘而志，与道大蹇。何少何多，是谓谢施；无一而行，与道参差。

严乎若国之有君，其无私德；繇繇乎若祭之有社，其无私福；泛泛乎其若四方之无穷，其无所畛域。兼怀万物，其孰

承翼？是谓无方。万物一齐，孰短孰长？道无终始，物有死生，不恃其成。一虚一满，不位乎其形。年不可举，时不可止。

消息盈虚，终则有始。是所以语大义之方，论万物之理也。物之生也，若骤若驰，无动而不变，无时而不移。何为乎，

何不为乎？夫固将自化。』

河神问：『可是，我该做什么，不做什么呢？我应该如何去拒绝，去接受，去趋向，去舍弃呢？』

海神若说：『从大道的观点来看，什么东西高贵，什么东西低贱的问题，这是互相变化与循环反复的，俗人认为

高贵的，从大道的观点看也许显得低贱，也许大道认为是高贵的，今天认为高贵的，明天也可能认

为低贱，今天认为是低贱的，也许明天会认为是高贵的。应该完全没有拘羁地任凭自身的自然追求，用不着以某一个理

念来勉强地经营自己，否则的话就是与大道拧着走了。什么是少，什么是多，也是互相转化的。你少了，他多，他少了，

你多，今天少了，明天多，明天少。如果你是个死脑筋，不会与时俱化，死认一端，看不到多与少，贵与

贱相互依存相互转化的道理，你就会错失对于大道的感悟，与大道失之交臂，我们学道明道，就应该是严明端正，像

国君一样无私无偏，应该是胸怀悠远自然，像被祭祀的土地神灵一样超脱而又虚静，并无对于谁的私心偏爱，应该是

像我们上下四方的空间一样延伸广远，无涯无边，没有地域区划的限制与分割，涵盖包容着世间万物，并没有把哪一个特别地放到自己的羽翼下边庇护保全，这就叫做并无特别的趋向、方向、倾向、意向。对于大道来说，万物是一样的、平齐的，没有长短高低的区别。大道是无始无终的，而每一个具体的生命或物象，则是有生有死的，这样，生命万物就没有道理自恃其成功与完整，没有理由为自己的成就而不可一世。同时，万物的变化从不停止，有时候充实，有时候空虚，有时候溢满，有时候亏空，并没有铁定的位置与形体，万不可以为自身是千秋万代、金刚不坏的。年代是不可以把握与拒绝的，时间是不可能止歇与拽住的。消亡、生息、盈满、虚无，你结束了，它就开始，这才是、正是谈论大道的思路，研习评说万物的道理与规律啊。一个东西产生出来，变化迅速，如同奔驰，常常是处于骤然的瞬间，没有一个运动是不引发变化的，也没有一段时间是不在推移转换之中的。这样说来，做什么，不做什么，又有什么可以讨论的？你我能够做什么？万物本来就是自己在那里运动着变化着的啊。』

庄子最可贵处在于他不把万物看死，他认为一切都在变化转化中，不同的角度，不同的标准，不同的时期，不同的参照，会对大道得出不同的判断。他的可悲处也在这里，因为你无法为自身树立一个至高的标尺、至尊的目的，你可能永远处于摇摆与模糊之中。

河伯曰：『然则何贵于道邪？』

北海若曰：『知道者必达于理，达于理者必明于权，明于权者不以物害己。至德者，火弗能热，水弗能溺，寒暑弗能害，禽兽弗能贼。非谓其薄之也，言察乎安危，宁于祸福，谨于去就，莫之能害也。故曰：天在内，人在外，德在乎天。知天人之行，本乎天，位乎得；蹢躅而屈伸，反要而语极。

王蒙讲说《庄子》系列

五九六　五九五

河伯问：『既然一切都在运动变化，还那么看重大道做什么呢？』

海神若回答：『知道了一切，就明白了一切的理法、规律，明白了一切的理法、规律，也就明白了如何权衡、选择、应变、决策；明白了如何权衡、选择、应变、决策，也就不会让自己受到外物的侵害（或指不会由于外在的原因、利益而做愚蠢的害己的事情）。最好的德性，能够使你不怕火烧，不被水淹，不受寒冷或者暑热的侵扰，不受禽兽的伤害。不是说那些得道者能够逼退或者斗倒上述的水火、寒暑、禽兽，而是说当一个主体能够看明白什么样安全，什么样危险，能够在祸福侵扰中稳住阵脚，能够谨慎准确地决定自己的进退去留，也就没有什么力量能够损害他了。所以说，天心、天意、天然、天道的天的因素才是万事万物的内里层面的决定性根源，人事、人欲、人心、人际的人的活动变迁则是外在的表象。我们也就能够明白，天与人之间的一切的德行、功能，从根本上说还是来自天道、天时、天意、天命。天是人事之本，人只可以顺应天意，明白于此，才能使自己立于不败之地，无咎而自得，这就叫进退适宜而屈伸自如，纵横恣肆而能回到根本的要道至理，思考议论到大道的顶峰极致上去。』

既然万物依大道而自然变化，人既然无事可做，无事可能，又何必管道不道的呢？这个问题的提出，非常像十九世纪的俄国马克思主义启蒙思想家普列汉诺夫在其名著《个人在历史上的作用问题》中的讨论：既然历史有其发展的客观规律，那么个人何必还要进行社会主义运动呢？普的论点是，历史规律已经包括并要求着杰出人物的活动。这里庄子的论点则是，对于道的把握，将决定一个人的安危、利害、成败，即承认人有违道、悖道的可能，承认人有权衡

选择、决策的空间，这一点有点像萨特的主张了。当然，这样讲也就凸显了学道、悟道、得道的必要性。这里，庄子

不惜将学了道之后「火弗能热，水弗能溺⋯⋯」的道理再说一遍。

庄子在这里强调人事与天命的统一，不是完全否定人事，而是强调一切有意义的人事，只是表象上、外皮上呈人

事状，其实内里头仍然是天意、天理。「天在内，人在外」「本乎天，位乎得」，这十二个字有新意。当然有目光短

浅者，只能看到人事，而看不到天意、天理、大道。例如那种历史机会主义、偶然主义，把种种历史转变仅仅归结为

偶然的个别的人物与琐事。而依庄子的观点，一切所得，历史的一切成就，来源都是天道，而不是个人、个人的关键

问题是处于那个位子上，安于此位，守于此位，胜任于此位，自然也就得到了天赐。具体说来，历史情况千差万别，

有的是因己成事，有的是因人成事，有的是因势成事，有的是因势毁灭。楚霸王就认定「天亡我，非战之罪也。」

但历史学家未必这样看，后人如毛泽东则认为霸王别姬是一言堂造成的恶果。人乎天乎，各个不同，两者的因素都有。

日：「何谓天？何谓人？」北海若日：「牛马四足，是谓天；落马首，穿牛鼻，是谓人。故日：无以人灭天，无

以故灭命，无以得殉名。谨守而勿失，是谓反其真。」

河伯又问：「什么叫天然，什么叫人事呢？」回答是：「马也好，牛也好，都是四条腿，这是天然天生；而给马

首戴上笼头，给牛鼻子穿上绳环，搞起驯养使用来，就是人干的事儿啦。所以说，不要因了人意人事而毁掉天然，不

要因己的原因而毁坏天命，不要为了小有所得而牺牲掉自己的名誉名声（或不要为了虚名而丧生）。能够认真地

保持住三条，就叫返璞归真了。」

王蒙讲说《庄子》系列

五九七
五九八

不要因人而灭天，不要因故而灭命，这三条教训至今仍然有新意。「以人灭天」的说法，当然

可以联系到当今的环保问题，虽然庄子时期的「以人灭天」之告诫与当今的环境问题无涉，但是这句谶语仍然有一种

凛然的力量，有一种凛然的预见性、超前性、郑重性、警示性，我还要说是天才性。哪怕当年的《庄子》作者并没有

意识到此话的重要性与内涵的丰富性，哪怕如今王著不无郢书燕说与歪打正着，能够燕说出道道，能够正着现代的靶心，

仍然是原著的天才的表现。

「以人灭天」的说法甚至有一种控诉效应，闻之心怦怦然。「以故灭命」的说法，同样分量极大，也可以往爱惜生命、

珍重生命上解释，差可相通。请不要为了人为的某种追求，为了某种非天然的说法与讲究，而残害自己的性命吧，这

话应如冷水浇头，使人清醒一家伙。例如为了争强好胜，为了一日之短长，为了一口气而好勇斗狠，还有所谓的名教

杀人，为了遵守礼教而戕害生命，还有恐怖分子、极端分子……人乃万物之灵，人可能有些地方比万物都聪明，但人

又似乎是万物之昏愚偏执，傻起来比万物都糊涂。当然，过分强调「命」，也可能偏于消极，缺少主体性与能动性。

「无（即勿）以得殉名」，讲的也是同样的道理。为了小小的得失计较，为了贪欲，即得到某些庸人十分艳羡，

至人看来不足挂齿的利益而丢丑、失态、违法、取辱、招祸的事例，古今中外难道还少吗？

「何谓天何谓人」，回答是马匹与马具的例子。这有点天真，有点原文学主义。何谓天何谓人，所谓天人之辨，是

一个理论上的大问题，因为人出于天而又别于天，与天的分分合合、恩恩怨怨，决非两句话一个例子能够说清楚的。

从此段中我们又可以看到我们的论辩传统、论辩方法论的不完备、不充分、不严密处。

夔怜蚿，蚿怜蛇，蛇怜风，风怜目，目怜心。

夔谓蚿曰：『吾以一足趻踔而行，予无如矣。今子之使万足，独奈何？』

蚿曰：『不然。子不见夫唾者乎？喷则大者如珠，小者如雾，杂而下者不可胜数也。今予动吾天机，而不知其所以然。』

蚿谓蛇曰：『吾以众足行，而不及子之无足，何也？』

蛇曰：『夫天机之所动，何可易邪？吾安用足哉！』

蛇谓风曰：『予动吾脊胁而行，则有似也。今子蓬蓬然起于北海，蓬蓬然入于南海，而似无有，何也？』

风曰：『然。予蓬蓬然起于北海而入于南海也，然而指我则胜我，鰌我亦胜我。虽然，夫折大木、蜚大屋者，唯我能也，

故以众小不胜为大胜也。为大胜者，唯圣人能之。』

只有一条腿的夔羡慕百足动物蚿，百足动物蚿又羡慕无足爬行的蛇，无足爬行的蛇羡慕移动自由的风，移动自由的风羡慕仅用视力即可捕捉把握运动的眼睛，用视力捕捉运动的眼睛又羡慕能够思考、感应与想象一切运动的心智，运用

的是我身体的天然机制，哪有谁计划安排我的脚去，谁知道它们为什么那样运动呢？

该什么样什么样，杂七杂八的唾沫喷出来数也数不清，谁又去计划安排过如何啐唾沫呢？这就与我的走路一样，运用

蚿说：『也不难办。你看到过啐唾沫的吗？一口口水喷出去，大的唾沫星子就像水珠，小的唾沫星子就像雾气，

蚿说：『我要用那么多脚走路，却赶不上你这个不长脚的，这是为什么呢？』

蛇说：『天然的机制，无法改变的呀，我哪里用得着脚啊！』

蛇对风说：『我是靠脊梁伸缩，胁贴着地而运动的，你呢，呼呼呼，蓬蓬然，从北海刮起来了，到南海停息下来了，

蚿对蛇说：『我就一只脚，跳蹬着走路，常常感到自己走不好（或实在是比不上你）啊。而你是用万足而行，这

可怎么个走法呢？』

风说：『是的，我是呼呼呼，蓬蓬蓬，一家伙就从北海刮到南海去了，但是你要是指画我，我是没有什么办法抵挡的，

你能胜我，我做不到指指画画。你要是踢我一脚呢，我也阻挡不住，一脚就能踢过我去，我不会踢来踢去。虽然我挡

不住一指一脚（或学不会一指一脚），吹折大树，掀翻大屋，却只有我干得成。我正是以许多的小事做不成，作为做

大事的代价的。干不成小事，而干得成大事，这正是圣人的特色。』

好像什么事也没发生，这是怎么回事呢？』

庄子已经屡屡用主观感受决定一切，人们无须为外在的处境而悲哀的主张，用万物万事都是相对的、变化无常的

观点，来自慰、慰人、劝世。这一段，又从万物的多样性、非可比性，即不仅是主观主义、相对主义，而且是多元主

义上来说事了。以足为例，以运动为例，状况万千，所有的对于他者的羡慕，都是多余，都是不智。你不可上生活在

别处论的当，你一定要认清，生活在此处，生活在当下，天堂在你自身，大道就是你自己。

多么精彩的比喻群、寓言链啊。独脚的，多脚的，无脚的，呼呼作响的，眼皮一眨的，心头一想的，万物的运动方式、

运动器官、运动速度、运动难易与运动能量是何等地丰富多彩！都是出自天然，不是出自设计。知其然而不知其所以然，

这在今天的表达中包含着无奈和遗憾，在《庄子》这里，却是天成的神妙，是天机的高超，带着几分得意。关于百足

虫蚿的走路的比喻极其生动，我们无法观察研究蚿的运动，仅仅一个马奔跑起来，它的四蹄的运动已经令双足之人叹

为观止了。

又说是，小事干不成的却可能干得成大事，这在前面的骏马不能捕鼠的例子里已经充分说明，如今又用大风的例

子说明大风的胜与不胜。按，这里的胜与不胜，与其用胜负来解释，不如用胜任解释，胜应该是指做得到，不胜就是

做不到。

人总应该有所放弃，有所不能，有所不胜，有所不为，有所不在意，这就叫满不在乎。这样才能有所真正的获得，

有所成就。

最后一点启发，不要动辄互相攀比，不要动辄互相模仿，也就不要动辄互相死掐，世界上许多事是没有可比性、

可量度性的。夔与蚿与蛇与风与眼与心，你怎么比啊？

文章的或繁或简，也掌握得浑然天成。前几个怜与羡说得详细生动，眼啊心啊的则付阙如。看明白了前头的，后

面的例子不说自明，很好。

孔子游于匡，宋人围之数匝。子路入见，曰：「何夫子之娱也？」孔子曰：「来！吾语女。我讳穷久矣，

而不免，命也；求通久矣，而不得，时也。当尧、舜而天下无穷人，非知得也；当桀、纣而天下无通人，非知失也，

时势适然。夫水行不避蛟龙者，渔父之勇也；陆行不避兕虎者，猎夫之勇也；白刃交于前，视死若生者，烈士之勇也；

知穷之有命，知通之有时，临大难而不惧者，圣人之勇也。由处矣，吾命有所制矣。」无几何，将甲者进，辞曰：「以

王蒙讲说《庄子》系列

六〇一 六〇二

为阳虎也，故围之。今非也，请辞而退。」

孔子出行来到了卫国的匡地（『宋人』之『宋』当作『卫』），被当地人包围了好几层，但是孔子仍然抚琴歌咏，

不知停歇。子路进去见到孔子，问：「怎么了，您怎么这样快乐啊？」孔子说：「过来吧，我告诉你。人的一生，

又能怎么样呢？例如我不希望自己过得穷途末路，但是免不了常常陷入没有希望的境地，这是我的命啊，我追求通

畅顺利，也已经很久了，就是得不到，这是由于时运不济，俗话说「年头赶的」呀。唐尧、虞舜主政的时候，天下

没有走投无路的人，并不是那个时候的人都有智慧，靠智慧所得；而到了夏桀、商纣之时，天下没有顺利通畅之人，天下

也不是由于弱智而大家倒霉，这都是年头造成的啊。在水里行走而不怕蛟龙的人，表现

出来的是渔夫的勇敢；在陆地上行走而不躲避兕虎的人，表现出来的是猎户的勇敢；在白刃战中英勇搏击的人，将生死

置之度外的人，表现出来的是烈士的勇敢；知道穷窘的宿命性质、通畅的时运性质，面临巨大的灾难（如现在的被

团团包围）而无所惧怕，这表现出圣人的勇敢。仲由你就安心休息去吧，我的命运自有其安排注定的道理。」

不大工夫，进来一个带兵的军官，道歉说：「原来以为是阳虎来了呢，所以包围住了你们。现在知道是弄错了，我

们告辞啦。」

孔子困于陈蔡的故事，老书上多有记述，《庄子》里的这一段，使之与无为、勿轻为、听天由命的思想结合在一起，

令人叹息。和蛟龙斗的是勇敢的渔夫，与兕虎斗的是勇敢的猎户，与敌人斗的是勇敢的烈士，但这些都是小勇，大勇

在于认知、明辨、选择与决策。大勇不仅在于敢于斗争、敢于胜利，还在于不做那些鲁莽、荒谬、冒险的伤人害己的事情，这多少有老子所讲的『勇于不敢』的含义。这从表面上看不无消极，但一个不惧，又不能不说是难能可贵。哪怕处于极端的逆境，哪怕是性命攸关，不能失常，任何情况下不可歇斯底里，这应该是仁人志士为自己立下的一条铁规则。哪怕处于极端的逆境，还照样要弦歌不辍，还照样能娱乐从容，享受生活。你能说这不是更上一层楼的勇敢吗？

四 庄子的高论能将小打小闹的公孙龙彻底摆平

公孙龙问于魏牟曰：『龙少学先王之道，长而明仁义之行；合同异，离坚白；然不然，可不可；困百家之知，穷众口之辩；吾自以为至达已。今吾闻庄子之言，汒焉异之。不知论之不及与，知之弗若与？今吾无所开吾喙，敢问其方。』

公孙龙向魏牟发问：『我从小就学习先王时代的道理学问，长大了明白了仁义的行为规范，提出了「合同异、离坚白」、「然不然，可不可」的命题，振聋发聩，独树一帜，使得诸子百家感到困惑，让众位辩论者、名嘴们理屈词穷。我以为自己十分了得，十分通达博学。如今我听到庄子的一些说法，一下子就蒙了，找不着北了，不知道这是我不如他善于辩论呢，还是知识与智慧比不上他呢？总之现在我是张不开嘴了，请问，这是怎么回事呢？』

一般认为名学——逻辑家公孙龙与庄子并无瓜葛，因而这一段多半是庄子的学生们的记述虚构。但是比较一下公孙龙与庄子，仍然不无意义。公孙龙与惠施一派，是名家，他抠哧的是词性、语法、逻辑、定义与概念游戏。比如说，什么是同，什么是异，从绝对参照系统的角度来看，相同与相异的区分并无意义。他们还认为如果大外有大，

那么大与小一致，而如果小内有小，小也就是大。北方之北仍然有北，南越之南仍然有南，所以南北也是相同，至少是相通的。生的开始就是死的开始，所以生与死的区别并不可靠。还说什么『天与地卑，山与泽平。日，方中方睨』，即天地、山泽一样高，日中、日西斜并无二致，因为日中开始的时候也就是西斜开始的时候。至于『离坚白』呢，是说一块石头的坚硬与洁白是两个概念。坚硬是骨头——结构与质地，洁白是肉——外表与对于光的吸收与反射功能，当然含义不同，能指不同。其实庄子的一些说法与『合同异』的说法相当一致，但是公孙龙他们毕竟停留在语法与逻辑的层面，而庄子要深邃得多，宏大得多，大气得多。这一段多半是庄子的门徒虚构出来的公孙龙吃瘪的故事，或事出有因。

王蒙讲说《庄子》系列

六〇三

六〇四

公子牟隐机大息，仰天而笑曰：『子独不闻夫坎井之蛙乎？谓东海之鳖曰：「吾乐与！出跳梁乎井干之上，入休乎缺甃之崖；赴水则接腋持颐，蹶泥则没足灭跗；还虷蟹与科斗，莫吾能若也。且夫擅一壑之水，而跨跱坎井之乐，此亦至矣，夫子奚不时来入观乎！」东海之鳖左足未入，而右膝已絷矣。于是逡巡而却，告之海曰：「夫千里之远，不足以举其大；千仞之高，不足以极其深。禹之时十年九潦，而水弗为加益；汤之时八年七旱，而崖不为加损。夫不为顷久推移，不以多少进退者，此亦东海之大乐也。」于是坎井之蛙闻之，适适然惊，规规然自失也。』

魏公子牟靠着桌子长叹一声，仰头向天大笑道：『你就没有听到过浅浅的水井里的青蛙的故事吗？这个青蛙对东海里的海龟说：「我的生活是太快乐了，想出来就出来，在井栏上蹦跳几下，想休息就进井，在井沿破砖上呆着。进水一跳，水正好浮托着我的腋窝与下巴，踩到泥中，泥正好没过我的脚背。那些个虾呀虷呀蟹呀蝌蚪呀，都享受不到

我这样的快乐。想一想，能够拥有一壑之水——一条水沟，能够盘踞浅浅的一口井，这样的快乐也就算到了头啦。你

为什么不进来看看呢？」海龟听了，便想去试试，先探出一条左腿，没有伸进去，右膝已经卡在井口上了。海龟只好

小心地后退，并将海洋的情况告诉青蛙。他说：「什么是海呢？一千里的距离，也不足以说明它的巨大；千仞的高度，

也不足以说明它的深邃。大禹时期，十年中有九年洪涝，它的水并没有增加。商汤时期，八年中倒有七年干旱，海水

并没有减少。不因为时间的长短而有什么区别，也不因为降水的多少而有所变化，这可就是东海的快乐喽！」浅井里

的青蛙听了，一阵惊惧，嗒然自失，一下子就蔫了。」

大小之别、极言大之宏伟超拔，又极言小之鼠目寸光，言大之悠然浩荡，言小之自满自足，言大之若无其事、漫

不经心，言小之发烧发晕、昏头昏心……这是《庄子》里屡屡出现的设计，屡屡使用的文章手段。难得的是累世不厌，

仍然生动有趣。看来，尤其是极易自我膨胀、忘乎所以的人类，是需要不断提醒、不断警示的：天外有天，论上有论，

高明之上还有更加高明，切莫以井底之蛙的姿态狂言傲语，自现丑态啊。

然而，这又与前文刚刚讲过的多样性、非可比性相悖。爰、眩、蛇、风、目、心，有什么大小高下可说呢？井底之蛙，

乐在井内外，又有什么可嘲笑的呢？它不是照样可以「本乎天，位乎得」吗？它的「位」恰在坎井之中，为什么不应

该安于此井、乐于此井呢？

『且夫知不知是非之竟，而犹欲观于庄子之言，是犹使蚊负山，商蚷驰河也，必不胜任矣。且夫知不知论极妙之言，

而自适一时之利者，是非坎井之蛙与？且彼方跐黄泉而登大皇，无南无北，奭然四解，沦于不测；无东无西，始于玄冥，

反于大通。子乃规规然而求之以察，索之以辩，是直用管窥天，用锥指地也，不亦小乎！子往矣！且子独不闻夫寿陵

余子之学行于邯郸与？未得国能，又失其故行矣，直匍匐而归耳。今子不去，将忘子之故，失子之业。』

公孙龙口呿而不合，舌举而不下，乃逸而走。

王蒙讲说
《庄子》系列

六〇五
六〇六

魏公子牟接着说：「再说你的智慧不足以了解是与非的究竟，却还要观察分辨庄子的言语，这不就是让蚊子背负

山峰，让马蚿奔驰过河吗？当然是不能胜任的了。而那种靠自己的智慧理解不了极致奥妙的言语，却自以为有什么一

时的巧言令色可以仗恃的你，不就是与浅井之蛙一个样的吗？再说人家庄子的思想学说，下抵黄泉，上接青天，用锥

不分南北东西，四面畅通，深邃莫测，起源于无穷的玄妙冥深，抵达世界的根本，已进入了大通，即无所不通的地步。

而你却小鼻子小眼地在那里掂量检视，辩驳词语，用这种方法去理解、评价，这简直就是用管子看天，用锥子测地，

你那点见识未免太细小了。你算了吧。你没有听到过邯郸学步的故事吗？那个跑到赵国学走路的人，没有学到赵国的

走路方法，好高骛远的结果是他连自己的走路方法也忘掉了，只好爬着回了家。你还是快一点离开这里吧，不然，你

仅有的那点学业也就从此消失了。」

公孙龙听得瞠目结舌，灰溜溜地走掉了。

这里假托的魏公子牟，泰山压顶，痛快淋漓，把个所谓的公孙龙扫荡得体无完肤。但嫌过分了些，甚至有以言语诈唬、

以气势压人，过分从嘴皮子上找快感的感觉，境界反而不高。真正的庄子，真正的思辨与文章的天才，完全可以更平

实一些，不需要这样牛皮烘烘的。

庄子钓于濮水，楚王使大夫二人往先焉，曰："愿以境内累矣！"

庄子持竿不顾，曰："吾闻楚有神龟，死已三千岁矣，王巾笥而藏之庙堂之上。此龟者，宁其死为留骨而贵乎？宁其生而曳尾于涂中乎？"

二大夫曰："宁生而曳尾涂中。"

庄子曰："往矣！吾将曳尾于涂中。"

王蒙讲说《庄子》系列

六〇七　六〇八

惠子相梁，庄子往见之。或谓惠子曰："庄子来，欲代子相。"于是惠子恐，搜于国中三日三夜。庄子往见之，曰："南方有鸟，其名曰鹓鶵，子知之乎？夫鹓鶵，发于南海而飞于北海，非梧桐不止，非练实不食，非醴泉不饮。于是鸱得腐鼠，鹓鶵过之，仰而视之曰：'吓！'今子欲以子之梁国而吓我邪？"

庄子在濮水上钓鱼，楚王派了两位大夫去与他见面，说："楚王想以境内的政务劳累先生。"庄子只顾拿好自己的钓竿，头也不回地说："听说楚国有个神龟，已经死了三千年了，楚王用丝巾包裹了它，将它放到竹匣里，收藏到庙堂之上。够神气的吧？请问，这只龟，是愿意死去，由尸骨去享受荣华富贵呢，还是宁愿摇着小尾巴生活在泥泞中呢？"

答："当然是活着，在泥泞中摇尾巴啦。"

庄子说："请走吧，还是让我在泥巴里摇摆尾巴吧。"

这段文字坚决中不无轻巧与幽默。这里的所谓庄子拒楚王的故事，远不像许由之拒唐尧那样夸张郑重：听到了禅让天下的话，许由要去洗耳朵，抵制精神污染。龟在泥地里摇着尾巴，忍脏受烂，以歪就歪，形象滑稽，俯首低调。

而细想想，将被委以天下说成搞死以后包装珍藏，再给以荣誉尊贵，这样的比喻其实很极端也很刺激。庄子当真是这样地反对人世，反对为体制所用的吗？庄子的要求个人之独立人格与自由精神，也算够厉害的啦。

惠子在梁国当了宰相，庄子去看望他。有人对惠施说："庄子这次来是想取你而代之，他要当宰相呢。"惠子听了，非常紧张，在国内搜寻庄子，搜了三天三夜。

庄子于是去看惠子，给惠子说："你知道有一种名叫鹓鶵的鸟吗？这种鸟，从南海可以飞到北海，一路上，不是梧桐树它不会在上面止栖，不是洁净的竹实它宁饿不吃，不是甘美的泉水它宁渴不喝。一个猫头鹰抓到一只腐烂的老鼠，赶巧遇到鹓鶵经过，猫头鹰仰起头发出吓人的声音来驱逐它。那么您现在是不是要用梁国的职位这只死老鼠来吓唬我呢？"

《庄子》此语，令人痛快出气。确实人间有许多庸人、卑（贱）人、蠢人、小人，他们官迷、财迷，他们热衷于升官、发财、显摆、作秀、出风头、占便宜。他们如此素质也就罢了，问题是他们认定所有的人都如他们一样卑微、低下、狭隘、愚蠢，他们以小人之道度君子之腹，他们用最最卑下的逻辑解释一切并看待旁人。他们自己黑，同时不把全世界染黑绝不罢休。他们自己臭，而且不把周围的一切熏臭绝不甘心。但世界上恰恰有志存高远的人，有胸襟阔大的人，有不那么计较私利的官、财、便宜、风头看作恶臭的腐烂老鼠的人，有将对他们的恶意攻讦不屑一顾的人。猫头鹰哪里懂得了鹓鶵的志趣？无耻的小人们啊，你们什么时候能读通《庄子》外篇的这一段文字呢？

庄子真牛！表现牛气，比衬俗人的卑微与渺小，这是《庄子》的主题之一，本书已经屡屡这样立意与作文了。其实，

所谓吹牛皮，也是一种艺术，一种学问，一种娱乐，还是一种贡献。寿命短暂，知识贫乏，信心不足，把握不大的人

啊人，你们如果当真为庄子的悠悠灵气、汩汩才气、恢恢神气与勃勃牛气而感染，如果从此你们活得更加超拔、豪放、

高明、逍遥了些，庄子的贡献可大了去啦呀！

六 向往庄子还是向往秋水中的白条鱼

庄子与惠子游于濠梁之上。庄子曰：「儵鱼出游从容，是鱼之乐也。」

惠子曰：「子非鱼，安知鱼之乐？」

庄子曰：「子非我，安知我不知鱼之乐？」

惠子曰：「我非子，固不知子矣，子固非鱼也，子之不知鱼之乐，全矣。」

庄子曰：「请循其本。子曰『汝安知鱼乐』云者，既已知吾知之而问我，我知之濠上也。」

庄子与惠施同游于濠水的桥梁之上。庄子说：「这里的鲦鱼上上下下从容不迫地游着，这里的鱼儿是非常快乐的

呀。」

惠子说：「你又不是鱼，如何能知道鱼的快乐呢？」

庄子说：「你又不是我，如何能知道我不知道鱼儿的快乐呢？」

惠子说：「是的，我不是你，也就不能了解你，知道你；那么你不是鱼，你也不可能了解鱼的快乐，这个道理不

乐的了，知道了我知道，你才会问我从哪里知道鱼的嘛。很简单，我就是从我们脚底下，从濠水之上知道的嘛。」

庄子说：「让我们从头讲起：你问我，你哪里会知道鱼儿的快乐，你这样问，就是已经承认我是知道了鱼儿的快

是已经很完整很清晰地展现在这里了吗？」

王蒙讲说《庄子》系列　六〇九　六一〇

就更令人快活了。其实讲究一下白话文，「鱼之乐」也许应该译成「鱼儿的快活」，用快活一词比快乐更生动。

同游于濠上，同谈论鱼儿的快乐，这本身就够快活的了；庄子的辩才，庄子的花言巧语，庄子的从来不会理屈词穷，

当惠子质疑庄子，说是你不是鱼，如何能知道鱼儿的快活呢？庄子显然有点急不择语，他立马用惠子的论据搞一

环论证的怪圈：「以子之矛攻子之盾」的游戏，就是说，你不是我，你怎么知道我不知道鱼儿的快活呢？这样一来，可就进入了循

「子非鱼，安知鱼之乐？」底下惠子完全可以说：「子非我，安知

我不知子不知鱼之乐？」庄则可以继续说：「子非我，安知我不知子不知鱼之乐？」然后如此循环下去，以至

于无穷。当然，这是诡辩。

其实当惠子说到——我非子，故不知子，而子亦非鱼，固（自是，自然是，本来也就是）不知鱼之乐，而且是全矣（齐

啦），庄子已经被驳倒了。庄子所以能咸鱼翻身，全靠死讫与诡辩。惠子讲，你不是鱼，就不一定能够知晓鱼儿的快活，

这是假定物种的不同会成为相知的障碍。庄子匆匆中急不择语地用同样的论据回答，说是你不是我，你也就不知道我，

那就不仅是相知的障碍，个体不同也会不相知。反过来更证明了他的鱼乐说并无客观根据与判断真伪的可能，

证明了惠施说他「非鱼，安知鱼之乐」是无法驳倒的论断。

这时，庄子异军突起，说是请循其本，请溯其源。此话本来无理，你问我怎么会知道鱼之乐，从哪里知道，说明你已经承认我知道了鱼之乐。

此话本来无理，说是请循其本，请溯其源。

这哪里是你知道我知道的「既已知吾知之而问我」呢，这明明是「不信吾知之而问我」嘛。好一个庄周，嘴硬嘴快，直如变魔术一般，先把惠施坐实，令惠施只剩下了翻眼的份儿，转瞬间着了庄周的魔术的招子，却不知道自己是在哪里落入了陷阱。

庄子这里的对答能说明庄的机敏利落，却不能说明他的在理。

庄周的核心手法在于利用古汉语中「安」字的多义性，进行概念的偷换。安知，就是哪里会知道，从哪里知道，怎么会知道，如何能知道，岂能知道，就是「how could you know that……」这里的「哪里会知道」「从哪里知道」，仍然是「如何可能知道」的意思，而不是「从何地何处知道」的意思。这是汉语「安」的含义泛泛的一个特点，安既是「哪里」，也是「如何」，既是「where」，同时又是「how」。而惠子说的安知、哪里知，正是如何可能知的意思，而不是何地何处的知的含义。正如那个关于没有学好英语的故事，说一个讲英语的人对一个华人说：「你太太真漂亮呀！」华人说：「哪里哪里。」翻译给翻成了「where where」，即何地何处呢，当然只能闹笑话。这里的华人对于自己妻子的形象的谦词「哪里哪里」，是「怎么会呢，不可能吧」之意，正是惠子质疑于庄周的。而庄周，翻手为云，覆手为雨，立马将惠施的话解释为何处何地知道了鱼之快活，并自搭台阶，自行滑落，说我就是从这儿，濠水之上，桥梁之上知道的嘛。好一个巧舌利齿的庄周！

王蒙讲说《庄子》系列

然而，这样说是不是老王有点得理不让人，有点过于偏执，有点趁机卖弄非压庄老师一头不可了呢？请想想看，本章名为「秋水」，秋水怡人，两个学问家同游于濠梁之上，看到了白条鱼出出入入，上上下下，快乐欢愉，被秋天的大自然所感动，信口一说，鱼儿是何等地快活呀，有何不可？有何不妥？倒是惠施，没事找茬，意图用机锋压庄周一把。在全无准备的情况下，庄周顺手抄起葫芦就是葫芦，抄起瓢儿就是瓢儿，一阵抵挡，一阵忽悠，哈哈一笑，至少没有当场认输，举起白旗，也就行了。这是书生意气，挥斥方遒啊，这是鹰击长空，鱼翔浅底呀，这是同学少年或非少年，同学中年、同学老年……风华正茂，或风华犹茂，风华未凋啊。老王又没有受到惠施的委托，惠施的那一套又从未引起老王的迷恋或敬意，何必那样起劲地驳斥庄周呢？让我们放宽心，共同欣赏名嘴斗嘴，逗嘴的快乐吧。即使是嘴皮这个秋水与知鱼的美丽而又糊涂的话题，共同欣赏濠上的秋天风光，共同欣赏这个千古佳话，子的智慧，也比愚蠢更美好更可贵，更何况庄子的通盘智慧，硬是比惠子那一套强多了呢？是的，大智慧者也可能有借重要嘴皮子的时候，而只会耍嘴皮子的人，是永远达不到大智慧的。同样，鹰有时飞得与鸡一样低，但是鸡永远不可能飞得与鹰一样高。

如果拍摄一部以庄子为题的电视连续剧，《秋水》肯定是最美丽的一章，知道鱼的快活是美丽的，不知道鱼是否快活而假设它们是快活的，也是美丽的。驳倒鱼儿不快活，或人们包括我们无法断定鱼儿是否快活的断言，也是美丽的。两个思想者斗嘴，凭空讨论一个鱼儿是否，即你是否能确知它们的快活，这也是美丽的。知、安知、乐、不乐，这本身就充满了灵性，充满了生活气息，充满了神性，因为它们无法用计算、实验、解剖、挖掘、考证与严格的逻辑论证来证

明或证伪，它们是如此生活，如此世俗，又如此空灵而且神秘。似争非争，似议非议，又似非谈与鱼。

庄周与惠施在濠上讨论鱼儿的快乐，这比蒙娜丽莎的微笑更雍容，比李白的邀月饮酒更高贵，比英国的爵士贵族还要高贵，比深巷明朝卖杏花（陆游诗）更挥洒自如，甚至于我要说，比宗教膜拜还要与天合一，与神合一，与诗性合一，直达最高、最全能、最永远、最根本的混一。为什么要从濠上得知鱼儿的快乐呢？为什么要有个什么逻辑论证的依据去了解、去评估鱼儿是否快活呢？这压根不是一个逻辑论证的问题，不是一个可以证明或者证伪的命题，不是一个定理也不是一个法则，这只是一个感受，一个赞颂，一个欢呼，一声响亮的呼喊，这就像青年男女互相说『我爱你』一样，这需要什么证人或者证物吗？普天之下，普地之上，哪里的野生的鱼儿不快活？哪里的人士见秋水与白条鱼或别的品种的鱼而不赞美？他们互争高下而并无赢输真伪，这就是生命的快活、天地的快活、自然的快活，大道的快活，这是先验而不需要证明、不需要制图、不需要列出式子的知——论断。包括惠子对庄子的鱼乐说提出可爱的质疑，这也是美丽的、空灵的、放松的与享受的，是为艺术而艺术，为快活而快活，为辩论而辩论，因而也是不需要论辩的，不需要结论与不必分胜负的。这是不争的快活，是永远的与绝对的对于秋水的赞美！

老王说：秋江秋海，浩浩汤汤，言道论鱼，一片汪洋。无内无外，宇宙玄黄。千姿千态，文理辞章。大小贵贱，沧沧茫茫。哀乐人我，熙熙攘攘。俯拾即是，何必端详？纵横捭阖，势如流光。鹓鶵腐鼠，神龟吉羊？讳穷求通，夫子主张。妙哉庄周，共舞堂堂！

至乐：超越得失、生死、变易的最高端的快乐

潇潇洒洒地讨论完了鱼儿的快乐之后，相当务实地讨论起人的至高的快乐是啥来了，然后从务实的盘点进入形而上的玄思。老王说了一句庄子讲的『苦身疾作，多积财而不得尽用』之语其实小沈阳正在忽悠，一位老弟台差点背过气去。这位朋友多半不可能找到连结生活与哲理的桥梁，多半做不成通而达之的歌者。庄子是通而达之的，所以他能通透天与人、生与死、假借与拥有，一种生命形式与另一种生命形式的过渡。他能与骷髅对谈，能通晓海鸟的喜与不喜，能理解孔子也理解颜回，能体悟几、继、蛙衣、陵舄、乌足、蛴螬、蝴蝶、虫、鸲掇、乾余骨、斯弥、斯弥食醯然后是久竹、青宁、程、程、马、人，反入于机、出于机，即万物生生不已的道理。哲理永远是对于生活的发现，生活永远是哲理的下载与旁证，天心即是人意，天意即是民心，经验与先验应该共振，神性则是人性的升华与向往。佛法也罢，大道也罢，无穷与永恒也罢，就在你处，在我处，在厕屎厕尿处，在条达与福祉处——通达即是持久的幸福。它将会化解你的疙里疙瘩，结石、栓塞，它会使你变得明白，最后终于变成个明白事理的人。注意：通达乃是超越的前提。

一 什么是至高的快乐，世俗的看法太糊涂

天下有至乐无有哉？有可以活身者无有哉？今奚为奚据？奚避奚处？奚就奚去？奚乐奚恶？

天下有没有最好最高即达到顶级的快乐呢？有没有可以生活得好的方法呢？为了这至好的快乐，最好的活法，我们今天应该做些什么，而且根据什么来确定我们的选择呢？我们应该去躲避什么，又应该怎么样去安身处世——自处，

即保持自身的状态与生活方式呢？我们应该接受什么，拒绝什么呢，又厌恶些什么呢？

好了，讨论与争辩了鱼儿的快乐问题上来后，来到人们的快乐问题上来了。

讨论快乐的问题，这在中国的思想界、文章界并不多见。欧美人动辄讲人的权利、人权、human rights，我们的祖

宗则首先注重人的义务与规范，人的规范，所谓君君臣臣、human obligations，所谓君君臣臣、父父子子便是认定君有君的义务与规范，臣有

臣的义务与规范，而不会涉及君与臣有什么快乐可言。儒家把人们训练成正人君子、大人先生，从《三字经》《弟子规》

到《二十四孝》《列女传》，很少谈及快乐，而宁可多谈杀身舍身。后世范仲淹一言而为天下法，他的规定是：士人

要「先天下之忧而忧，后天下之乐而乐」。中国的人生观是重视忧患意识的，是将忧患意识放在首要地位的，中国的

价值观同样是忧患主义的。如果一个士人动辄扬言要快乐、享乐，这是被人所看不起的。

其实先秦时期可能并非如此。人的希望快乐，其实并不是一个需要费力论证的逻辑学、法学或教派信仰上的难题。

《论语》开宗明义，讲的是「不亦说（悦）乎」与「不亦乐乎」（《学而》）。孔子还讲「智者乐水，仁者乐山」（《雍

也》；仁者，智者，各得其乐。孔子又讲「人不堪其忧，回也不改其乐」（《雍也》），也是将乐视为君子的特色的。

他在另外的地方讲：「君子坦荡荡，小人常戚戚。」（《述而》）而孟子所讲的「我善养吾浩然之气」（《公孙丑上》），

浩然云云，与快乐相邻，离快乐忧患更近。

王蒙讲说《庄子》系列

六一五
六一六

我们至今也是提倡忧国忧民的忧患意识，但是庄子独树一帜，他要认真地讨论一个至乐、最乐、大乐的问题，他

要对何为至乐提出自己的、与众不同的见解。他看到，乐，而且至高无上了，麻烦就出来了，糊涂与荒唐就出来了。

等到天下都乐了，然后自身才可小乐，所以范仲淹自己也说，他提倡的这是「进亦忧，退亦忧」。

夫天下之所尊者，富贵寿善也；所乐者，身安厚味美服好色音声也；所下者，贫贱夭恶也；所苦者，身不得安逸，

口不得厚味，形不得美服，目不得好色，耳不得音声。若不得者，则大忧以惧，其为形也亦愚哉。

天下人所尊贵、追求的，无非是财富、高贵（地位）、长寿与顺当——受到善待；

即享用于好吃好喝、好穿好戴、好颜好色或美女，还有好音乐好气，所享受的，是身体的舒适，亦

所避免的，是贫穷、下贱、夭折、遭人厌恶和

各种挫折；所感到痛苦的，则是身体得不到安逸，口腹得不到美味，外表得不到好衣服好包装，眼睛看不到美丽的颜色、

形体、耳朵听不到乐音、好歌。得不到这些玩意儿，就大大地不高兴，大大地别扭，憋气，这样廉价浅薄

地计较表面的得失，岂不是有些犯傻吗？

庸俗浅薄之人对于乐与苦、得与失、喜与厌、贵与贱的理解可不就是这样；升官发财了就祝贺，就臭美，就晕菜，

受挫降级赔钱了就痛不欲生；他们追求的不过是口腹、耳目、形体的享受与快感罢了，他们哪里懂得苦与乐的分野呢？

他们哪里懂得真正的精神的快乐、喜悦、享受与精神的自我解放呢？他们如何能够想到下一步与另一面呢？也许升迁

的下一步是垮台，也许道贺的另一面是万人唾骂……他们是何等的浅俗、何等的愚傻、何等的卑贱呀！

夫富者，苦身疾作，多积财而不得尽用，其为形也亦外矣。夫贵者，夜以继日，思虑善否，其为形也亦疏矣。人之生也，

与忧俱生，寿者惛惛，久忧不死，何苦也！其为形也亦远矣。烈士为天下见善矣，未足以活身，吾未知善之诚善邪，

诚不善邪？若以为善矣，不足活身；以为不善矣，足以活人。故曰：「忠谏不听，蹲循勿争。」故夫子胥争之以残其形，

不争，名亦不成。诚有善无有哉？

看看那些富人们吧，苦着自己，拼命做事，攒下许多钱财而得不到使用，空积财物，有什么用处？这不是将自身置于度外，使自己的财富异化，其实关心不到自身的内里的表现吗？而那些地位显赫的贵人们呢，白天黑夜，焦虑思谋，是非善恶，犹豫莫决，他们不是在自己疏忽自己，自己慢待冷遇了自己吗？人从生下来就与忧愁为伴，长寿带来的是太多的苦闷，整天发愁又死不了，一味为活着而活着，这是多么痛苦的事情啊。这样地对待自己，不是离自身的真正需要与快乐更远了去了吗？烈士当然为天下人所佩服，但是未能让自己活下去，这样究竟是好呢，还是不够好呢？

说是好吧，却保不了自身的性命，说是不太好吧，却又帮助了旁人活下去。唉，所以有道是：『忠言逆耳，谏之不听，干脆缩脖一声儿不吭。』看那个伍子胥，他若是与吴王相争吧，丧生害命，不据理力争吧，他也出不了如今这样的大名。

到底世上有没有真正的好的选择呢？

《庄子》的这一段文字颇有大实话的风格。奋斗了半天，自己又是吃苦受罪，又是拼命加班，等挣下钱，轮不到享用完就嘱儿屁（北京俚语，指死亡）了。这个话如今小沈阳也在说啊……人生最痛苦的就是人死了，钱没花完。而赵本山的补充是：人活着，钱花完了会更痛苦。贵了半天，攀升了半天，伤神劳心、紧张压抑，准就对得起自己吗？长寿又能如何，活得越长忧愁越多，寿则多辱，老而不死，败兴而已。唉，哪里有什么至乐、幸福可言！

《庄子》一书，淋漓酣畅，汪洋恣肆，潇洒神妙，华美绮丽，本身就有藐姑射山的真人之美丽，但此处也颇有平实自然、俗话俗说，甚至是引车卖浆者的卑之无甚高论的另类话语。此前内篇《人间世》中讲到颜回之不可去卫，也有此类的

大实话、非理想主义，不知道能不能叫犬儒主义，反正是提倡不怎么有出息的保命哲学。

后面谈到烈士那一段就更庸俗，乃至不好讲说转述了。『忠谏不听，蹲循勿争』，谏不成退后听喝，这与『文死谏』，没有什么民族大义、主义大义，没有更高的理念与价值观在，只有争霸，只有争权夺利，烈了半天，与百姓何干？与社会进步何干？与文化、文明何干？相反的，

多半是如贾宝玉所说，不过是拼那么一口浊气罢了。

那么，到底有没有标准，有没有上上的选择可能，乃至有好的善的与不好的恶劣的人生分野呢？庄子提出了一个令世人惶惑的问题。你太认真太强烈，你坚决主张是非善恶的势不两立……会不会成为极端、分裂、投机、恐怖三种势力的渊薮呢？而反过来，一味地主张善就是不善，美就是丑恶，主张保命第一……会不会成为一切厚颜、下作分子们的托词呢？

今俗之所为与其所乐，吾又未知乐之果乐邪，果不乐邪？吾观夫俗之所乐，举群趣者，诳诳然如将不得已，而皆曰乐者，吾未之乐也，亦未之不乐也。果有乐无有哉？吾以无为诚乐矣，又俗之所大苦也。故曰：『至乐无乐，至誉无誉。』

今天世俗上所追求所喜爱（所认为快乐）的一切，我不知道它们当真能带来快乐呢，还是其实并不能带来快乐呢？根据我的观察，俗人的所谓快乐，都是随大流、赶浪头、人云亦云、人乐亦乐的结果，好像是上了道，直不愣腾地也就非那样做不可了，于是乎都说那样的行事是快乐的，其实，我压根没有感觉到它的快乐，但也谈不上认定那样做是

多么地不快乐。那么到底有没有快乐之义呢？依我的意思，无为，不期待自身，也不要求自身做什么，不给自己定下目标、任务、程序，这才是真正的快乐，但世俗却认为无为是极大的苦恼。所以说：最好的快乐是无乐（没有目标、期许与标准），而至高无上的名望是无誉（没有风光与闹闹哄哄的炒作）。

很实在也很深刻。人的可怜之处在于常常会人云亦云，跟风逐浪，道听途说，当跟屁虫、糊涂被动，自以为自己在那里找乐避苦，其实是盲从跟风，事与愿违，自己根本没有分清是非苦乐的能力。时兴瘦身，于是减肥减到厌食丧命的程度。时兴美容，于是美到足以毁容的程度。时兴敛财，于是敛到伤生坐牢乃至被处决的程度。完全不一定。丑态百出、蝇营狗苟……瘦身、美容、敛财、升官、果然就适合你的最大最乐需要吗？但是谁能免俗？于是谁能当真拥有独立之人格、自由之思想？谁能不管风习与舆论，说得清自己的到底是什么？

这里忽然提出了无为，这是由于『因是因非、因非因是』，一切至乐，都可能成为至苦的根源。你因青春貌美而至乐，那么华流逝，美貌不在的时候，你能不痛苦万分吗？或者同样的青春年华，有人比你更貌美，你受得了吗？你因财富的积敛而快乐，那么当财富耗散，渐渐露出下世的光景，或者当发现有人比你的财富膨胀得更多更快的时候，你不会苦恼吗？你因为官运亨通而快乐，受挫了呢？落选了呢？退休了呢？不走运了呢？受诬陷打击了呢？你不是会痛苦万分的吗！无乐才能至乐，无誉才能至誉，这话总结得高明而又神妙……如此这般，最后吗也没有了，无了至苦，同样也就无了至乐了，还活个吗意思呢？

倒也可以轻而易举地回答：活就活个自然而然，自然而然就是至乐。

王蒙讲说《庄子》系列

六一九

六二〇

《庄子》的『至乐无乐，至誉无誉』此语的意思，与佛家所讲的『放下』很接近。人生一世，本无枷锁，本无手铐脚镣，本无固定的模式、任务、差事，本来一生下来并不欠谁几百几千吊钱，本应该活得快活自在，充满生趣。令人痛惜的是，多数人从早到晚硬是放不下来，自己给自己上了枷，套了笼头，拉上套，想干这想干那，想得到这得到那。想得到什么就是自己给自己写下了欠据，自己给自己立下了还债的文书。横向里为自身找到了债务、义务，其苦无比，再加上与别人攀比，从此没有了自由，没有了轻松，更没有了至乐，只能跟着大流走，只能永无解脱之日。

也许无为并不能解决一切，然而庄子的无为说是自己解放自己的开始，是自己与自己和解的开始，是至少我自己不要任何的附加物，更不要自己的枷锁镣铐的开始，是寻找至乐、通向至乐的开始。

问题在于不宜绝对化与过分彻底。适当地给自身减负是可以理解的，是必要的，至少有助于减少忧郁症与躁狂症的轮番发作，但是，减少到彻底的零与无则很恐怖。凡人只能生活在零与无穷大之间，所以说，无并不是绝对的无，无非无，无中可以生有，万物生于有，有生于无；零也不是绝对的零，零与无穷大乘在一起，就可能成为，至少是趋向于任何有。一个人活着不是无穷大，死了还有遗体，烧成灰洒到海里去了也还有遗爱、遗恨、记忆、影响，有这么一页出现过。一个人也好，一个国也好，一个地球也好，一头是零，一头是无穷大，伟人死了，万古流芳了，也不是无穷大，他的意义多半会是逐渐淡化。人为地强化一下是可能的，但那是死人的被利用。这样摆，你的生活可能比较易于掌握，你的心态可能比较易于平衡，你的情绪可能比较主动。中间面对着任何数。你的思想往无穷大上靠一靠，你自身就往零上靠，无上靠过去了，你就成了无为者了。你的思想往零上靠一靠，你自

身就要向无穷大挺进了，你的存在已经是永恒，你的善行已经是无穷，你的生活的意义已经是最大，你的生活已经是至乐啦。

庄子一直致力于给大家伙洗洗凉凉水澡，降降体温。寻乐避苦，求福远祸，这是人之常情，何谓苦，何谓福，何谓祸，却常常闹得糊里糊涂，常常是自投罗网，常常是热昏做错。庄子乃拼命地给人们冲凉，提醒人们要清醒些，宁可失之消极等待，不可失之乱动取祸。一味地冲凉，又难说准有效果。在熙熙攘攘的世上，在糊里糊涂而且杀气腾腾的人世间，智者、仁者、思想者，究竟能帮助哪个人呢？

天下是非果未可定也。虽然，无为可以定是非。至乐活身，唯无为几存。请尝试言之：天无为以之清，地无为以之宁，故两无为相合，万物皆化生。芒乎芴乎，而无从出乎！芴乎芒乎，而无有象乎！万物职职，皆从无为殖。故曰：「天地无为也而无不为也。」人也孰能得无为哉！

天下的乐呀苦呀是呀非呀果然是不好分辨确定的。话虽如此，无为正是是非苦乐的标准。至乐，首要是有利于生活、生存、生机与活力的，只有无为能达到这样的要求，无为方有至乐。请允许我尝试讲一讲此方面的道理：天无为以之清，地无为以之宁。故两无为相合，万物就能够化育繁衍了。茫茫惚惚，你根本就看不出万物何而出，惚惚茫茫，你根本看不清楚万物的形象。万物孜孜不倦，生生不息，都是从无为当中产生繁育出来的。所以说：「天地无为同时是无不为，该为的它们都为了，该有的它们都有了。」人类呢，谁又能做得到同样的无为而无不为呢！

很好，有了这段解释、演绎，就能更好地了解将无为判断为至乐的含义了。无为并不是当真地一动不动，而是听其自然、任其自然、不加刻意，自由自在地运动变化。天的无为是什么意思呢？天没有计划、目的、规范、标准，天并没有道德义务与礼节限制，天该怎么运转就怎么运转，该刮风就刮风，该下雨就下雨，该亮就亮，该黑就黑。地也是同样，地没有追求也没有躲避，没有喜爱也没有憎恶，没有偏私也没有心机，地该怎么存在就怎么存在，该凸就凸，该凹就凹，该长草就长草，该长树就长树。然后，阴阳五行万物，该怎么来就怎么来，该怎么走就怎么走。这是何等的伟大，何等高明的无为。与这样的无为——自然而然的理想世界、理想宇宙、理想国家相比较，仁义道德的说教是多么勉强，修齐治平的宣示是多么膨胀，孝悌忠信的人伦是多么外加，圣人经典的训诫是多么烦扰，跪拜颂祷的形式是多么徒劳，升官发财的美梦是多么恶心，名誉地位的计较是多么委琐！无为而无不为，这才是本真，这才是至乐，这才是解放，这才是逍遥！做到无为而无不为的人有福了，做到无为而无不为的人成功了，做到无为而无不为的人才是至人、真人，才是活神仙啊。

二　通达易变，超越死生

庄子妻死，惠子吊之，庄子则方箕踞鼓盆而歌。惠子曰：「与人居，长子老身，死不哭亦足矣，又鼓盆而歌，不亦甚乎！」

庄子曰：「不然。是其始死也，我独何能无概然！察其始而本无生，非徒无生也而本无形，非徒无形也而本无气。

杂乎芒芴之间，变而有气，气变而有形，形变而有生，今又变而之死，是相与为春秋冬夏四时行也。人且偃然寝于巨室，而我嗷嗷然随而哭之，自以为不通乎命，故止也。」

庄子的妻子死了，惠子去吊唁，看到庄子坐在地上，如簸箕般（双腿伸开，屁股着地），敲着瓦盆唱歌。惠子说：

「你们共同生活，养育子嗣，近于终老，她死了，你不哭也就够可以的了，现在你还要敲着盆儿唱歌，你也太过啦！」

庄子说：「不是这样的，她才死去的时候，我的心能够全无感慨悲伤吗？我怎么可能是那样的呢？但你想想看，

她当初并没有生命，不但没有生命，而且没有形体、形状，不但没有形体、形状，也没有这么一股生命之气。可以说

她本来就是一片茫然与惚恍，若有若无，无形无气无生，然后有了气，有了气变成了形体，形体变成了生命，现在生

命又变成了死亡，这不就与春夏秋冬四季的运行是一样的道理吗？现在她安静地歇息在天地这所大屋子之中，我却一

边嗷嗷地大哭，那不是不明白生命与命运的道理了么？如此，我止住了我的哀哭。」

这一段故事非常有名，但确实显得过分一些，因出生、生日、长寿而快乐，因死亡、离世而悲痛、哭泣、感伤，

这其实是很自然的事，与道理不道理、思想不思想、认识不认识无关。同时我们仍然可以以通达的态度对待亲人的

亡故，节哀顺变，适可而止，面对与接受、想通与镇静地对待一切一切的生老病死。老婆死了，坐在地上歌唱，较不

多见。「箕踞」云云，不知是否仍有哀伤之意，毕竟不是载歌载舞，一片欢乐。

行为可以成为艺术，成为哲学，成为思想，这更像是庄周的行为艺术、行为哲学、行为思想，谁让庄

子有那么多的思想者的自觉？他又有强烈的精英意识，故而要屡屡发表与众不同的振聋发聩之论，还要屡屡表现出与

众不同的行为方式。有特立独行的思想观念，就会有特立独行的行为表现，也许正是表演，是思想秀，香港话叫思想骚。

王蒙讲说《庄子》系列

思之想之，论之辩之，秀之骚之，呜呼庄周，你也忍不住要秀骚一番啦，固亦悲也夫！

支离叔与滑介叔观于冥伯之丘，昆仑之虚，黄帝之所休。俄而柳生其左肘，其意蹶蹶然恶之。支离叔曰：「子恶

之乎？」滑介叔曰：「亡，予何恶！生者，假借也；假之而生生者，尘垢也。死生为昼夜。且吾与子观化而化及，我

又何恶焉！」

一个叫支离叔，一个叫滑介叔，二人游观风景于冥伯山丘、昆仑山野，那里是黄帝休整停留过的地方。突然，滑

介叔发现自己的左臂上长了一个瘤子，他一怔，有点不喜欢它。支离叔说：「你不高兴了吗？你讨厌你的瘤子了吗？」

滑介叔说：「不是的，我哪里会厌恶它呢？生命，不过是假借躯体，假借天地的暂时寄居，假借什么而能以生存呢？

假借的是尘垢泥土罢了。生完了就要死，这与昼完了就是夜是一样的。我与你在这里观赏的不正是万物的变化发展吗？

现在变化与发展到我们自己身上了，我又有什么不高兴的呢？」

支离（现仍有语：支离破碎）应该是体形不全的意思，而滑介据说是精神不全的意思，庄子的虚构人名令人叹息，

抑或是说，谁能完整？人生在世，谁能无缺呢？简单作一个临床鉴定，精神鉴定，极少有满打

满算，具足了一百分的吧。

二人游览，而且是到了黄帝呆过的地方，地点是伟大的了，黄帝早已经是陈迹了。突然发现了柳——与瘤同义，其实，

说是长出了柳枝、柳芽、柳树更有后现代的感觉。我是多么希望没有这种柳者瘤也的解说，干脆去写一个、解说一个

胳臂肘上长柳树的故事吧。（按，这样的解释古已有之。）会不会庄子的原意就是长柳树呢？内篇中不是已经有过胳

臂变成鸡，而且干脆让此鸡报晓司晨的吗？为何不可以长出柳条，栖上黄莺，点染春色，催红玫瑰呢？干脆就是滑介

叔变成柳树，支离叔变成白杨或者榆木疙瘩，岂不更好？

一开头，长瘤或柳者对它还是蹶蹶然（受惊貌）的。后来，由于同派思想家的提醒才化忧为喜，这种化忧为喜，

似乎有些个不牢靠。

后面的道理倒是不无意思。人生是确定与非确定的结合，生前不知所居，死后不知所往。又是假借与自我的结合，

自我自我，你自得了我吗？你当得了你自己的家吗？你是客居，是过客，还是主人呢？天地是否仅仅是你的逆旅即旅

馆呢？人生是否只是天地间的过客？

西方的租赁行业比中国发达，业内中人曾经对我说，中国人太注意拥有而不愿意接受租借，暂借，《庄子》这边

叫做假借。西方人说，其实生命也不是永远由你拥有的呀，生命也是你暂时从上帝那边租借而来、假借而来的呀。这

个说法与此处的滑介叔之说接近。

尘垢者泥土也，强调生命的泥土性，这倒是国人的一个传统。《红楼梦》曰："纵有千年铁门槛，终须一个土馒头。"

谚云："人吃土一生，土吃人一口。"又云："入土为安。"都是这样的意思。

庄子之楚，见空髑髅，髐然有形。撽以马捶，因而问之，曰："夫子贪生失理，而为此乎？将子有亡国之事，斧钺之诛，

而为此乎？将子有不善之行，愧遗父母妻子之丑，而为此乎？将子有冻馁之患，而为此乎？将子之春秋，故及此乎？"

于是语卒，援髑髅，枕而卧。

夜半，髑髅见梦曰："子之谈者似辩士。视子所言，皆生人之累也，死则无此矣。子欲闻死之说乎？"庄子曰："然。"

髑髅曰："死，无君于上，无臣于下，亦无四时之事，从然以天地为春秋，虽南面王乐，不能过也。"庄子不信，曰：

"吾使司命复生子形，为子骨肉肌肤，反子父母妻子闾里知识，子欲之乎？"髑髅深矉蹙頞曰："吾安能弃南面王乐

而复为人间之劳乎！"

庄子这样援骷髅而卧者，未见他例。可能这与庄子对于生死的豁达态度有关。不易。

从影视作品中可以看到，欧洲人有在自己的书房、卧房中放置骷髅的，而国人似乎都害怕死人的遗体。如所谓的

庄子到了楚国，看到一个骷髅，干枯空洞，别有一番形状。庄子用马鞭棒轻轻敲了一下骷髅，问道："请问您老

是由于贪欲过多、生活失调，以致丧了性命的吗？您老是赶上了国破家亡、身被刀兵，才不幸离世的吗？要不，您就

是有不良的行为记录，让父母妻子丢人现眼，才闹成今天这样？或者，您是冻饿而死？要不就是春秋寿数已尽，寿终

正寝？"说完，搂着骷髅，睡下了。

夜半，骷髅出现在庄子的梦中，对庄子说："听你说的那些话，你倒像个雄辩之士。你说的那一套，其实都是活

人的啰里啰嗦、麻烦累赘，死了谁还管这些玩意儿？要不，你听我讲讲关于死的说法好不好？"庄子说："好吧。"

骷髅说："人死了，上面没有君王，下边没有臣下，也没有春夏秋冬四季的那些个规矩礼行，完全解放，与天地同行，

就是做一个称孤道寡的君王，也没有这等的快乐呀。"庄子不太相信，他问骷髅："我找上管理性命生死之神，为你

恢复骨肉皮肤，送你回到家中与父母妻子邻里朋友熟人团聚，你愿不愿意去呢？」骷髅深深地皱起了眉头，苦着脸说：

「算了吧，我怎么可能放弃生命的苦难与死亡的快乐，去再找那些人间的劳苦啰嗦！」

《庄子》中屡屡讲述生命的苦难与死亡的至乐，这在今天，珍惜生命已经成为超地域、超国籍、超意识形态的共

识之时，似乎相当不合时宜。问题在于，作为文章家的语不惊人死不休的庄周，对于生与死的说法太偏激太单向。如

果用另一个思路，珍惜与热爱生命，同时心平气和、豁达无忧、逍遥自在地面对自然死亡，或者以充分崇敬的心情，

面对以身殉国、殉职、殉民的烈士，或者是以哀悼纪念的心情，祝祷那些在灾难中、不幸的遭遇中遇难者的灵魂安息，

或者怀念一位终其天年的老人的生前的种种美德善行，同时悲哀于他或她的未能再多活些年，这就比较合情合理了。

不必为生死之事忧心忡忡，更不必远在死神到来之前便恐慌失态、自毁生机，否则，就有点接近于自取灭亡了。

同时，又何必为辩驳喜生厌死的常理而忽悠得那样过分！

这里骷髅所说的死之至乐，或许不失为一种说法，一个忽悠，一个思路。人多是恋生畏死的，不须为此进行雄辩发挥。

但是死亡是不是也有解脱休息这一面呢？如达·芬奇所说：「辛劳的一天带来愉快的睡眠，勤劳的一生带来愉快的死亡。」

既然对于每个个体生命来说，死亡的结局是不可避免的，我们为什么不能更加平静乃至开明地对待它呢？

三 因人而异，因事而异，不可照搬与攀比

颜渊东之齐，孔子有忧色。子贡下席而问曰：「小子敢问，回东之齐，夫子有忧色，何邪？」

孔子曰：「善哉汝问！昔者管子有言，丘甚善之，曰：『褚小者不可以怀大，绠短者不可以汲深。』夫若是者，

己而不得，不得则惑，人惑则死。」

以为命有所成而形有所适也，夫不可损益。吾恐回与齐侯言尧、舜、黄帝之道，而重以燧人、神农之言。彼将内求于

王蒙讲说《庄子》系列

六二七

六二八

颜渊东行到齐国去了，孔子面带愁容。子贡离席上前问道：「小子我胆敢问您一句话，颜回去了齐国，您面带愁容，

这是什么道理呢？」

孔子说：「你问得好！当年管仲有个说法，我很认同，他说：『布袋小了就不要用它装大物件，绳子短了就不要

用这种汲水桶去打深井里的水。』这就是说，天命造化，成就了不同的形体，形体各不相同，也就各有适合自己的用场，

这些情况与用场是不能随便添加或者减少变易的。我怕的是颜回对齐王讲说什么尧、舜、黄帝的治国之道，还可能再

深一步去推崇、推广、推销燧人氏与神农氏的政事风范。齐王听了这个，必然会联系自己的实际情况，要求自身与那

些先王看齐，如此这般，齐王费了半天劲却仍然不可能做到，做不到就会反而感到困惑狐疑，困惑怀疑了，闹不好就

对颜回的言论产生反感，进而杀害他……」

这一段与内篇《人间世》中所谓孔子劝诫颜回不要随随便便去卫国推销仁义道德的基本含义接近。但此段把重点

放在各自有命、各自有形，各自有其适宜的用场，不可强为，不可违背客观规律与客观的（天的、命的、形的）限制性、

局限性。其中心意思仍然是反对唯意志论，反对蛮干硬拼，反对对自己估计过高。所谓管子的布袋与水桶绳的比喻通

俗明白，深入浅出，讲得很好。

士、读书人，容易犯的毛病是理想主义、理念主义，他或她读的书都是推崇理念而抱怨现实，详论理念而马虎现实的。

他们容易犯的毛病是迷信理念、盲目推销、不务实际、无补民生、空谈误事、浊气拥塞、受挫失败、教条主义、白白搭上小命。而拥有权力的人，君王相国们，容易犯的毛病是急功近利、注重实效、目光短浅、喜怒无常、不择良莠、偏爱宵小、自以为是、实用主义……二者对立的结果是书生送命，君王败绩。

何必说颜回？孔子求仕的如丧家狗的经历，比这里说的颜回，好不到哪里去。

「且女独不闻邪？昔者海鸟止于鲁郊，鲁侯御而觞之于庙，奏九韶以为乐，具太牢以为膳。鸟乃眩视忧悲，不敢食一脔，不敢饮一杯，三日而死。此以己养鸟也，非以鸟养鸟也。夫以鸟养鸟者，宜栖之深林，游之坛陆，浮之江湖，食之鳅鲦，随行列而止，委蛇而处。彼唯人言之恶闻，奚以夫谣谣为乎！咸池九韶之乐，张之洞庭之野，鸟闻之而飞，兽闻之而走，鱼闻之而下入，人卒闻之，相与还而观之。鱼处水而生，人处水而死，彼必相与异，其好恶故异也。故先圣不一其能，不同其事。名止于实，义设于适，是之谓条达而福持。」

「再说你难道没有听说过吗？从前，有一只海鸟飞到鲁国都城的郊外，栖息休止在那里，鲁君在太庙中设酒宴，演奏咸池、九韶之类的人间乐曲，对海鸟供养侍候，还奏九韶之乐以使之愉悦，以「太牢」的规格为它准备膳食。结果海鸟是眼花头晕，闹心忧愁，不敢去吃一块肉，更不敢喝一口酒，三天过去就一命呜呼。鲁君这是按自己的习性与需要来养鸟，不是按鸟的习性与需要来养鸟。如果是按照鸟的习性与需要来养鸟，那就会将鸟放飞到深山老林，使鸟儿能够嬉戏在沙洲岛屿之上，浮游于江河湖泊之中，啄食点泥鳅、小鱼，随着鸟群的队列而飞翔或止息，自自然然、随随便便、无有定规定型地栖居。它们最不愿听到的是人声，何苦偏要那样吵吵闹闹地扰乱它们呢？咸池、九韶之类的人间乐曲，

王蒙讲说《庄子》系列

六二九

六三〇

演奏张扬于广阔的空间，鸟儿听了赶紧高飞，野兽听了惊惶逃逸，鱼儿听了往深水里钻，只有人才围成一圈观看热闹。鱼儿入水才能存活，人淹到水里就会死掉，人和鱼彼此间当然有不相同的地方，喜欢什么与讨厌什么也肯定不一个样。前代的圣王从不强求万物具有同一的能力，也不要求万物做出相同的事功。万物各有其名，名与实需要相符，需要受客观实际、客观存在的约束，要遵循万物的本性行事，这就叫把事情搞顺，而且造福长久。」

这一段很重要，太多的蠢人以己度人乃至度物，以自身为标准来判断世界，剪裁世界。我看到多少回，父母冷了就强迫子女加衣服，老板来劲就让下属加班，老板有私事就将工作放下。作家以己或以某人为准要求他人，认为张三如果能像李四一样写作就更好，认为赵五之缺陷就在于与鲁迅并非一个路数。这其实几近滑稽，荒谬绝伦。

名、义、实的问题也很重要，名多、义多、类多、事多，人们常常把自己绕进去。类似以招待国宾的方式招待海鸟，或者前文说过的用什么器具养马养虎，这样的事情其实屡见不鲜。庄子早在两千多年前就提出了不唯名不唯义但唯实的观点，他的认识怎么这样超前，富有预见性？

四 生有死，死有生，虫生豹，马中再生生出人来

列子行，食于道从，见百岁髑髅，攘蓬而指之曰：「唯予与汝知而未尝死、未尝生也。若果养乎？予果欢乎？」

列子出门，食于道边，走到路边吃东西，看到一个已经有了上百年的人头骨，他拨开周围的乱草，指着头骨说：「天下只有我与你知道，其实，活人未必真的就是出生了，死人也未必就是死去了，你就真的完全休息了吗？我就真的那么欢实吗？」

前贤对于「若果养乎」的「养」字历来解释纷歧，还有的人认为全句有误，当然也有简单地就认为养是忧愁，欢

是欢乐的。我则宁取养是休息、休养之意，根据有限，只因前说法也找不到确证，这给了后学如我一点自由发挥的可能。

反正，说下大天来，《庄子》这一段仍然是讲相对主义，死不一定是绝对的死灭，生也不一定是绝对的活跃，生中有死，

例如细胞的新陈代谢，死中有生，例如生命状态、生命形式的转化（下一段要专门谈这个问题）与薪尽火传之类的永生。

另一个有趣有味之处在于，这里的虚构的「列子」，认为只有他与百年前的死者获得共识，太伟大了，死是0，活是1

有了0又有了1，还有什么数字闹不出来呢？整个世界，整个哲学就是0与1的相通与交融。1而能够觅0，或0而能

够觅1，无能生有，有复化为无，这是值得大书特书的天才见识啊。

比较起来，国人对于尸体、骷髅，乃至坟墓，似乎多了一点恐惧与不祥感，除了祭奠，人们尽量避开上述与死亡

的联系比与生活的联系更亲密的东西。不同的是庄子，谈骷髅，与骷髅交谈，甚至不无亲切感。这说明，至少东周那时，

中国与外国在此事上距离并没有拉开。在外国电影上，我们曾看到某个学者或艺术家，在自己的书房或卧室里摆着个

骷髅；；在欧洲，我也常常看到有的家庭花园里就有亲人的墓，房主常常到墓上献花、谈心。庄子能够以平常、亲和、

温馨的态度对待死者，有他的可贵之处。

马生人，人又反入于机。万物皆出于机，皆入于机。

王蒙讲说《庄子》系列

六三一

六三二

斯弥，斯弥为食醯。颐辂生乎食醯，黄軦生乎九猷，瞀芮生乎腐蠸。羊奚比乎不筍，久竹生青宁，青宁生程，程生马，

其叶为胡蝶。胡蝶胥也化而为虫，生于灶下，其状若脱，其名为鸲掇。鸲掇千日为鸟，其名为乾余骨。乾余骨之沫为

种有几，得水则为继，得水土之际则为蛙蠙之衣，生于陵屯则为陵舄，陵舄得郁栖则为乌足。乌足之根为蛴螬，

有了种（物种、种类、种子、种原），就会有几（几乎、细微、原生、若有若无），得了水的滋养以后，就有了继（断

断续续连连的生命状态），再得到水土的接触，就出现了青苔之类的苔藓类低级生物，生存在丘陵高地上呢，就不是

青苔，而是车前草或干湿互变的其他野草了。车前草得到一种虫草或一种粪料滋养，出现了乌足草。乌足草的根部在

粪土中变成了蛴螬（一般指金龟子的幼虫，也叫地蚕、土蚕等），乌足草的叶子变成了蝴蝶。蝴蝶很快又变成爬虫，

生活在灶下，样子像是蜕皮而来的，名叫鸲掇，状如蟋蟀，身体粗短，触角较长，翅膀已退化，

后足发达，会跳）。灶马活够一千天，变成了鸟，鸟名乾余骨。乾余骨的唾液长成一种虫子，叫斯弥，自斯弥长出食

醯——蠛蠓。颐辂是从蠛蠓中生长出来的，黄軦是从九猷中长出来的，蝼子则生自萤火虫。羊奚草跟不长笋的老竹结

合到一块儿，就长出青宁虫，青宁虫还能生出豹子，豹子生出马，然后从马中生出人来，而人又回归到造化的机制中。

万物都产生于自然的造化、蜕变机制，又全都回返自然的造化、蜕变机制。

达尔文生活在一百多年前的英国，他著作了《物种起源》一书。我国则有两千多年前的庄周，他的这一段文字也

是讲物种与生命、生物的起源与变化。达尔文研究的是科学、生物学，他的理论影响深远，至今我国高等院校的政治课，

马克思主义的社会发展史，还是从达氏的「猴子变人」理论讲起。而至今某些重要的宗教信徒，仍然耿耿于怀，咽不

下这口气的，也是达氏的从猿到人说。其实庄周早就提出了人是由其他动物变化而成的观念。他说是马生人，自然没

有经过科学考察与数据积累，他这样喜欢马，不知道是不是因为东周的中国已经出现了将马比君子的文化思潮。

我们这儿少有研究物种起源变化的科学、生物学……我们有的是文学、哲学、文章学、忽悠学，是敞开世界的大门，振起想象的翅膀，调动民俗的说法，连通万物、万象、万生，归结为大道的机制。庄周的这一段文字更像童话、神话、奇谈、民间传说，也许还要加上庄周先生的大胆想象，叫做想当然。少数虫名或有解说，其他则无考或考亦不足信。

稀奇古怪的名称与莫名其妙的汉字反而增加了奇妙感、陌生感与神秘感。庄周的物种变化相生论自有其生动迷人、天才耀目之处。呜呼祖宗，你们太喜欢文学想象，哲思清谈、文章灿烂、高屋建瓴与势如破竹的雄辩气势了，而你们不注意逻辑，不注意事实根据，不讲究做科学实验与数学计算、实地实物剖解测量。你们的天才少有其匹，你们的理论美轮美奂，你们对于国计民生的贡献则离百姓民族的需要太远太远！

物种的变来变去，既稀奇古怪又玄妙至极，既查无实据又事出有因。于是，十六世纪中国出了吴承恩，参考了印度神猴的故事，闹出一个七十二变孙悟空，从童话或神话始，又回到童话或神话上来了。

可惜的是近现代以来，中国的童话并不发达，这一头我们也没有占上先机。

这里的变来变去，带有生命状态不断转移的意义，就是说，庄周对于物种的判定，远远不像达尔文那样认真。对于庄周来说，都是机，都是大道，都是几、种、继、微、生、命、机，而且都有趣已极。如乌足草，如蝴蝶，如一些怪字组成的虫草名称，以及程生马、马生人等等的说法。你可以认不准这些字，你可以考证不清训诂不清它们的字义，确证不了究竟这些称呼是指哪一门、哪一纲、哪一目、哪一科的生物，然而你的阅读已经鼓舞起了认字的决心与快感，已经鼓舞起了文学与思辨的勇气，已经充满了对于天地宇宙的整体生命的赞叹与信赖，充满了对于不断变化着的生命现象、生命状态的折服与讴歌。善哉万物之生生化化也！

王蒙讲说《庄子》系列

六三三

六三四

而最后反归于机。机是不是就是几？那么本段开始时所说的几是不是就是指惚恍精微的大道，至少是大道的存在与运行机制？从几到机，曰万物皆出于机，皆入于机，永恒、无穷、世界、宇宙、浩天、外层空间……几与机既是起源也是归宿。这里的几与机不但是哲学的概念，也是神学的概念，它们在这里起的是宗教中的上帝与天国的作用，如我喜讲的，是中国士人、中国思想家心目中的概念神，而与其他某些宗教的人格神相区分。

而今天有有机与无机之说，有机原指与生物体有关的或从生物体而来的一切，或曰指除碳酸盐和简单的碳氧化物以外的含碳物质，或是指彼此密切相关的物质结构；而无机则是指与生命体无关的一切。那么，庄周的出于机入于机的说法就更有吸引力了。机就是生机，机就是生命的机制，是蛋白质的雏形，是碳化物的开始演进，机就是天意，就是生机，就是此番轮回此一世界的头一个细胞。机是哲学、造物、创世、宗教、生物学、胚胎学，宇宙发生学的开端，也是伟大作家、艺术家、思想家的最最激动人心的想象与感受的开始。

存在是不断深化、演化、中断、连续、生灭的，这种互相交替、互相演化、互相连续又互相中断的机制、机会、几率，精微是永远的。稍微想想这方面的道理，不一定想得太死太较劲太板上钉钉，只须感觉一下在我辈身前身后，在我辈居住的地球之内之外，在地球上的种种物种之间，有一种演化与互动的机制，机缘存在着，只这么一想，已经有点心旷神怡、有点天人合一的提升感，已经感动得喜从中来、悲从中来、赞从中来、敬从中来了。您有点仙根、道根、慧

根了呀，祝贺您！

老王说：至乐无乐，这样说似乎有点悲哀。再一想，无乐便得至乐，您只要不自寻烦恼，就乐而且至啦；这样一说，又叫人好不欢喜。人啊，给你一句话，然后哪怕是变一变主语与补语的排列顺序，也能带来快乐。何以至乐？何必至乐？

至乐至尊都是归天返道之后的事，是终极眷顾的准教义。我辈小有明白、大致掌握、通达情理、自我调节，略乐、稍知，微明、几通、或达、偶悟……也就不错了，是不是呢？

达生：醉汉不伤与操舟若神

老子讲过摄生，庄子在内篇中讲了养生，它们与今天人们喜欢讲的卫生、健康、防病等观念不完全相同。今天的观念受西方科学主义的影响，讲的是生理卫生学、医学、体育、营养学直至烹调学等，是作为专门的生理目标而研讨与实践的，具有明显的专门性、技术性、操作性。老庄则是将摄生、养生、尽其天年的问题作为哲学、人生观、世界观、价值观与终极关怀的一个有机组成部分来把握的。它不像欧美讲维生素，讲健康数据，讲防病治病那样具体明确，但可以营造一种感悟大道、拥抱自然、和合天地、通晓变易、明白豁达、无往而不利的精神状态，使自身的生理心理机能运转良好，即使遭遇到疾病祸患，也能从容应对，选择最佳的人生道路，奠定最佳的自我感觉。

这里进一步讲到达生，对于人生、对于生命的通达态度。达就是通晓、明白、通畅，就是融合、消化、不栓塞、不郁结、不结石、不较劲、不自寻苦恼、不自增苦恼、不妨不碍，直到想得通生死祸福，想得通鬼神妖孽，想得通奇技淫巧，想得通天人之变。于是，你成了至人真人，常胜之人，何其妙哉！

一 与天地合一，就能千秋不坏

达生之情者，不务生之所无以为；达命之情者，不务知（命）之所无奈何。养形必先之以物，物有余而形不养者有之矣；有生必先无离形，形不离而生亡者有之矣。生之来不能却，其去不能止。悲夫！世之人以为养形足以存生；而养形果不足以存生，则世奚足为哉！虽不足为而不可不为者，其为不免矣。

一个通晓生命的状况、生命的情理的人，不去从事那些对于生命并没有什么意义、意思、用途、影响的事；一个通晓命运的状况、命运的情理的人，不会去从事那些人的智力无可奈何、对于命运也无所助益的事情。要想保养形体，一定要有物质的供给与条件，但即使有了充足的乃至多余的物质保证，仍保养不好自己的身体的事例也是有的；同样，具有生命的前提，是具有与保护好自己的形体，然而世上又确实存在那种情况，即保护了形体却失去生命的事例。生命到来了，你无法推辞拒绝；生命离去了，你也无法挽留阻止。真是令人悲哀呀，世人以为保养好身体就足以让生命存活，但如果保养身体对于存活生命并非足够，世人还应该去做些什么以才足够呢？！即使你分不开理不清到底要做什么，是否非得去做什么，或做了够好还是不够好，是不是一定值得去做，你还是不免要做一些对于身体、生命可能有用的事，做这种事是不可避免的啦。

又讨论起养生的问题来了。不错，物质保证有了，不等于就能活得健康顺畅，富家子照样可能夭折。身体零件全乎了，也不等于就具备生命的质量，黑发童颜、五官四肢健全无损者也可能一命呜呼。生命的要求超过了对于物质保证与身

王蒙讲说

《庄子》系列

六三七

六三八

体完整的要求，但是不能否定人们为了物质保证与身体康健所作的努力，包括练气功与喝药酒，虽然并不认为它们已

经足够，虽然人们的这些努力很可能是无以为，是无奈何。实际上，许多养生的作为既不是有充分根据的，也不是足

够的。这些话已经是深通生与命的情理了，同时又不无遗憾乃至悲哀。这里有一点低调养生的意思，说了半天，你也

闹不清到底要怎么样去养生护命。这里讲的倒是不那么极端，不像《庄子》的其他某些章节，把物质的与形体的东西，

把人们常常采用的未必足够、未必深刻，却人为我亦为的那些做法看得一文不值。这在《庄子》中算是难得的通情达理、

照顾俗世之论，而不是诈诈唬唬、抗战到底的调子。更多的地方，《庄子》是惊世骇俗、语出惊人、横扫千军，不无

涉嫌语言暴力的。

夫欲免为形者，莫如弃世。弃世则无累，无累则正平，正平则与彼更生，更生则几矣。事奚足弃而生奚足遗？弃

事则形不劳，遗生则精不亏。夫形全精复，与天为一。天地者，万物之父母也，合则成体，散则成始。形精不亏，是

谓能移；精而又精，反以相天。

如果你想避免与你的形体有关的一切劳累与痛苦、负担，避免为了表面的浅薄而辛苦终生，再没有比抛却世俗更

有效的了。抛弃世俗就再不会为外物所拖累麻烦，摆脱了拖累与麻烦，你的人生也就走上了端正平和的坦途，走上了

端正平和的道路也就与自然与世界一道生存、变化、更新了，能够与自然同步生存、变化、更新，也就靠拢了大道的

精微的机能与玄秘了。世俗之事为什么一定要舍弃掉，而生存的欲望也非得忘在一边呢？请想想看，抛却世事，做一

个弃世而独立的人，身体就不会劳累啦，就再不会苦着自己啦；而忘掉了生的欲望，精神也就不会亏损了。身体完整

保全，精神得到最好的恢复与还原，你这个人就跟天（然）融合成一体了。天和地，乃是万物的父母，天与地结合便

产生了万物之本体，一旦离散，又成为新的存在与物种的新变化的契机与开端。身体完整保全，精神不亏不损，也就

能够随天道随万物随时间与空间的变动而变易、推移、发展；精神纯粹，达到越加精粹、精微、精纯、精细、精准的

程度，反过来又将与天互动互补，与天为伴，与地为伴，与生为伴，与天地同在。

是的，以物养生，以形养生，以体养生，以命养生，对于庄子来说都远远不够，但他也不反对你从事

某些行为，目的是以上述种种方式养生。这里要提倡的则是弃世养生，遗生养精，仍然是前边内篇章节讲过的坐忘功

夫。该忘的全忘，不做没有意义的事，不想没有用的事，不自找麻烦，不自损身心，最后做到形全精复，

独到的大而化之、大而一之的生命观、唯生主义。有了这样的浑然一体，忘却一切悲欢、喜怒、寿夭、是非、生死，

物我、彼此，形神、天人的区分与计较，行了，您得了道了，您就做到「能移」了，能够以不变应万变了，能与时俱

化了，能够在千变万化之中保持自己的完满无缺了，也就同时是以万变而求永远、求不变，能长生不衰了。然后，

你能做到下文所说的「潜行不窒，蹈火不热」，世事与个人欲望的干扰，就全然不在话下了。

个体的生命在有了些自我的意识之后，难免产生对于死亡的恐惧。如何淡化与消除这样的恐惧呢？莫过于把个

体，把自身交给天，交给大自然，交给世界。本来你就是天的产物、自然的出品、世界的制造，你本来就不是你自

身的产物，而是世界——对于宗教来说，你是造物的产物。如果一种宗教教义告诉你，你是上帝造的，那么上帝是自然之主、世界之主、天之主、与天与自然的合一，也就是交给了主。如果你只信哲学，你接受的是老子，你就是大道的产物，你接受的是绝对理念的产物。活着你在自然之中，死了你在自然之内，或者你是退想的大师，活着你思索到了自然之外（彼岸），死了你也有离开大自然的预计、预期、预想，那么你仍然是围绕着自然飞翔漫游。

二　实现与自然与大道的融合，接受天道的护佑

于是庄子以进为退，以退为进，以弃世来全生，以遗生来求生，以俱化求永恒，以坐忘而求无累、不劳、正平、相天。

总之，要达到一种境界，个人与自然、大道、根本合而为一，移而为一，千秋不坏，永远不败，无损无伤，无亏无懈。

子列子问关尹曰：『至人潜行不窒，蹈火不热，行乎万物之上而不栗。请问何以至于此？』

关尹曰：『是纯气之守也，非知巧果敢之列。居，予语女。凡有貌象声色者，皆物也，物与物何以相远？夫奚足以至乎先？是色而已。则物之造乎不形，而止乎无所化。夫得是而穷之者物焉得而止焉！彼将处乎不淫之度，而藏乎无端之纪，游乎万物之所终始，一其性，养其气，合其德，以通乎物之所造。夫若是者，其天守全，其神无郄，物奚自入焉！』

王蒙讲说《庄子》系列

六三九

六四〇

问他们是怎么样做到这一步的呢？』

列子问关尹说：『至人在水下行路或游泳而不憋气窒息，踩到火上而不觉得过热，走在万物之上而稳健从容。请

关尹说：『这是因为他们守护住了自己的纯正的真气，而不是靠智谋、技巧、决心或者勇敢所能做到的。请坐，让我告诉你。凡是有形象有声音有颜色的都是外物，为什么物与物之间互不沟通、互不相像呢？万物中的什么东西能够最早给人以印象呢？或者试问，万物的形成是从哪里开始的呢？我们可以看出，是它们的颜色、它们的形象——即兹后给了人类与动物的视觉以信息的外表。形状不明也罢，变化得令人摸不着门也罢，反正先让你感觉到的会是一团颜色，是模糊的映象。这是人们感知万物的开端，也是万物自身产生、形成、出现的一个开端。就是说，万物在刚刚开始萌发的阶段，并无固定的形状、形体，也无确定的变化发育的前景，从理论上说，万物只有到了没的可变化之时，才会停止变化。万物起于无形，止于无化。你以为这样就可以抓住事物的本质，穷尽事物的终极了吗？但是万物并不会因为你的穷尽愿望与终极关注——因为你找到了端倪，就停止住它们的变化多端、恍惚无定。万物与其根源大道都是处在不静止也不过度运动的位置，隐藏或保存自身于无始无终的时间过程中，与有始有终的各种具体形态同游同在，其根性始终如一，其真气始终涵养，其德功永远融合，与万物与造化相通相交。这样的话，它们的良知、良能是完整的，它们的精神是无缺失、未受干扰的，外物、对立面等又怎么会对它们有任何干扰呢？

以此段来说，其最精彩之处在于对于万物，对于世界的认定。一个个体的人，各个方面都是极有限的，但同时，他或她是世界的一个分子，是大道的一个下载，是永恒的一个光辉。

与无始无终、一与多的矛盾的统一。

从全体来看，从无穷大来看，从永恒来看，万物都是无始无终，无前无后，无内无外，无大无小的。形成形成，

形加成一词的存在已经说明我们的先人认定。泰初万物是无有形的，有了形，就是已经形成了，形就是成，成就是形。

我们的另一个习用词是成形。如果说已经有了许多许多，千千万万的已经形成与成形，那么世界上同时有着更多的尚未形成与成形之「物」。

正在形成与成形，同时有着更多的尚未形成与成形之「物」。与亿万斯年前的星云混沌相比，地球、太阳系、银河系

已经形成与成形，与亿万斯年后的应该是老化了的地球、太阳系、银河系相比，现今的地球还远未形成、成熟、更未

发育足够与老化衰落。认识到了这一步，应该就不会再受外物的干扰与侵害了。尚未形成，何来侵害？也许你的侵害

只是助我形成与成形。

能够做到「一其性」，抱元守一，恒常如一，一以贯之，也就说已经减少、延缓了向对立面的转化，减少、延缓了自己的耗散、

异化、老迈、衰竭的过程。「养其气」，养护元气真气，调理呼吸内脏，平衡精神状态，避免受伤、自戕，时时保有

自身的身心、生理、心理、智力、体力、情商、智商的最佳值。「合其德」，这儿的德应该作功用、功能乃至做得到讲，

合其德，就是吸收日月的精华，就是集中天地的生气，叫做尽享自然的恩惠，就是摄取如老子所说的占有三成比例的

生之徒——利生养生的因素，就是从万物，从一切生命，从人群中汲取至乐、至尊、至爱，就是面对大道，面对万物，

永远感恩戴德，逍遥快活，平和包容。

「通乎物之所造」，能把万物的事理搞通，能把万物的所以是这样而不是那样的根本、本原、本质、规律、全局

搞通搞透，做一个通透之人，做一个达道得道之人，做一个真人至人，近乎仙人。

「其天守全」，说来说去，其实天给了你的一切，就已经是最完全、最理想、最高明，罪过全在人间世。全面地

王蒙讲说 《庄子》 系列

六四一
六四二

守住天成、天然、天生、天理……齐啦。「其神无郤」，精神如元初，无遗失、损害，更未被自己的贪婪、欲望、怒火、

嫉恨、宠辱之惊、富贵之梦所扭曲。这太好了！

也许一个人不可能完全做到如是，也许人生中欲望与失望、希冀与破灭，不平与牢骚，都是不可避免的，因之伤

害与扭曲也很难百分之百地摆脱，那么就让我们知道一下庄周的至乐幻想曲吧，让我们欣赏和聆听庄周的人生交响诗

吧，让我们哪怕只是在想象中实现一点一贯性、天然性、齐全性与和顺性吧，让我们哪怕仅仅在读书的时候，在遐想

庄周与老王的共同舞步与舞姿的时候，丢下一点贪、妒、争、惧、狭、凶、骄……各种负面的心性吧。能够欣赏庄周、

聆听天籁、审美共舞的人有福了。你们有了光，有了乐，有了逍遥了。

与内篇相较，这一章文字相对多了些玄虚与修炼感，不知是否与道家的学术思想在缓缓向一种民间宗教飘移有关。

它少了点理论，多了点神奇，少了点文学，多了点咒语，少了点学术与修齐治平，多了点修炼功夫，得道成仙。

「夫醉者之坠车，虽疾不死。骨节与人同而犯害与人异，其神全也，乘亦不知也，坠亦不知也，死生惊惧不入乎

其胸中，是故迕物而不慑。彼得全于酒而犹若是，而况得全于天乎？圣人藏于天，故莫之能伤也。复仇者不折镆干，

虽有忮心者不怨飘瓦，是以天下平均。故无攻战之乱，无杀戮之刑者，由此道也。」

「喝醉了的人从车上掉下来，虽然坠落得急促，却一般摔不伤。此人的骨头结构长得与旁人无异，但是跌落的后

果与他人不同，原因在于人虽醉，他的精神与心理是完全的（正常的）。好好地坐着车，他自己并不明晰自觉，一家

伙摔落，出了事儿啦，他自己也照样不知不详，什么要死要活呀惊吓呀惧怕呀完蛋啦，都没有侵入他的胸怀，他的精

神没有被损毁摧垮，所以尽管与地面相冲撞，但并未就此瓦解垮掉散了黄儿。这样的人得到酒的保全，有酒保全便能做到这等成效，何况如果是天的保全呢？圣人保存自己于天然天道之中，收敛自己，隐藏自己于天地之间，谁能伤害他呢？真正有心要复仇的人，无意要折断宝剑，无须与干将莫邪较劲与展示强硬，而你即使有很大的嫉恨之心，你脾气很不好，也不该不必为被风吹落的瓦片击中而埋怨发火，这样才能够做到普天下人的平和、公道、讲理。之所以不会有攻战的动乱，也不会有要杀要剐的刑事犯罪，原因就在于有了至乐之道，无为之道。」

管他真作伪作，此段也很精彩。庄子是思想家，同时以尽量去做到思想的生活化，用现在的语言来说就是三贴近：贴近生活，贴近现实，贴近群众。庄子在春秋战国那样的兵荒马乱、礼崩乐坏的世道，经常是不测风云，飞来横祸的恶劣条件下，庄子推崇的乃是无心，是听任自然，是无意

人的意识、心计，给人带来了聪慧，也带来了烦恼、焦虑、惊惧，以及各种狼狈折磨、自我摧残。清醒清醒，我们应该清醒，但是做手术时，我们必须接受麻醉。这已经说明并非任何状况下都需要清醒。可以揣摩，那个世道下边，老呀庄呀看到了：越是聪明伶俐，越是智谋超群，越是清醒明白，越是明察秋毫，越是会成为权势的对立面，成为群体的公敌，越要倒霉，要挨整，要招来灭门之祸。

原文举了一个多么通俗、大众化的例子……醉汉反倒不容易摔坏。想来此例从外科学与交通管理的角度看，未必是绝对可靠可信，但言之仍然成理，有一定的说服力与参考价值。想想看，一个醉汉，在车上睡着了，缩成一团，稀里糊涂，变成一个自由落体掉了下来，确实可能比伸胳臂探腿，胡乱抓、挠、够、捂（尤其是双手作支撑，常常是腕部骨折的根源）少受一点伤，尤其是少受惊吓。醉汉摔不坏的事例也许我们知道的不多，但是小孩子睡觉从床上炕上滚到地上的事儿发生得就多了，落到地上接着睡大觉，好梦如常的也是有的。这是另一种意义上的难得糊涂。

他的不折镆干与不怨飘瓦之说也特有趣，耐人咀嚼。复仇者与宝剑没有什么过不去的，但是复仇的武打之中很可能折断宝剑。所以说，即使你是苦大仇深的复仇者，也还是要慎用剑尖，剑愈是尖，愈有杀伤力，愈是能伤及自身。越是逞强的复仇者，越是可能早在伤敌败敌之前先把宝剑弄折，或者是先伤及自家的身体。被风吹落的瓦片与房檐下面站立的人也没有什么过不去的，但是弄不巧或是弄巧了，你会受到瓦片的攻击。孔子早就告诉我们，人不知而不愠，才是君子，就是说别人无意中冒犯了你，你不要生气，你才算君子人。庄子更告诉我们，瓦不知则更不可愠，要少愠以至于无愠才好。

人生的多少事情正是如此。人之一生到底能有多少个认真的仇敌，多少个必然的深仇大恨，难讲。但同时，你的一生中，阴差阳错，又会与他人包括你的亲人友人产生多少龃龉、多少误会、多少风波！你今天对他有意见，明天对她有怀疑，后天对他、她、它都不满意，大后天你想与他们和解了，他们却来气了，与你非来个白刀子进红刀子出不可……再往后你干脆与一切为敌，还在那儿严正声明至死是一个也不饶恕！您干什么呢？您为什么呢？您图什么呢？世界上偏偏有挑动复仇者与宝剑的关系的坏种，有杀不成敌手便恨不得将宝剑折成八瓣的气迷心，有为了瓦片与风而耿耿于怀的蠢材，有用这种逻辑四面树敌的白痴，有一心寻找敌手的狂人，有为争一口气甘愿己无宁日、人无宁日、

群无宁日的偏激，有一言不合立即歇斯底里嚎叫的小文痞，有对所有的一切充满敌意的刺儿头，有除了恶斗别无公干

的『金棍子』——其实是屎棍子……那么早那么古，庄子或托名庄子的那个人已经看透了这一切！人之敌人莫过于己，

《庄子》的一些论述，真到位，真刺激！

『不开人之天，而开天之天，开天者德生，开人者贼生。不厌其天，不忽于人，民几乎以其真！』

『请再不要开发人间的那些智谋与潜力啦（或者是说不要再太大地发展人的那些天赋具有的，够用了）开发人间智谋，过度发展人的潜能，人与人之间没完没了地斗心眼，

应该开发的是天然的大道，产生的是天的德性；就会流于贼心、贼眼、贼事；巧取豪夺，称王称霸，就会伤害人生。不要因为天然大道的永存

耍阴谋、做局设套……就会熟悉得生厌，也不要轻忽地对待人间的种种麻烦与愿望。做到这一步，百姓差不多可以

而觉得它并不新奇，觉得已经熟悉得生厌，也不要轻忽地对待人间的种种麻烦与愿望。做到这一步，百姓差不多可以

保持住真诚与真实了。』

庄子又在真诚地呼吁与哀告了，尤其是对于春秋战国时期的掌权的侯王大臣：你们已经斗争出病，坏出格，阴成性，

狠成癖，贪成虎狼，多疑成疯狂了。你们能不能平和一点，自然一点，纯朴一点，真实一点，对待老百姓好那么一点点？

三　凝神者百粘百中，忘水者操舟若神

仲尼适楚，出于林中，见痀偻者承蜩，犹掇之也。

仲尼曰：『子巧乎！有道邪？』曰：『我有道也。五六月累丸二而不坠，则失者锱铢；累三而不坠，则失者

十一；累五而不坠，犹掇之也。吾处身也，若厥株拘，吾执臂也，若搞木之枝。虽天地之大，万物之多，而唯蜩翼之知。

王蒙讲说《庄子》系列

六四五　六四六

吾不反不侧，不以万物易蜩之翼，何为而不得！』

孔子顾谓弟子曰：『用志不分，乃凝于神，其痀偻丈人之谓乎！』

孔子到楚国去，看到一个驼背老人用竿子粘蝉，百粘百中，如同俯拾即是一般。

孔子说：『你可真是巧手啊，你有你的道理的吧？』答：『是的，我有我的一套。我练习了五六个月，做到了竹

竿上摆上两个小球不会落下，有了这样的稳定性，伸竿而粘不着的机会最多一次了；再发展一步，做到了竹竿上放五个小球而不落地，那

不会下落了，这样的稳定性，我粘十次失手的机会最多一次了，又过了一段时期，竹竿上放三个小球也

时候粘蝉，就跟随手捡拾一样地方便了。这时，我的身体像一株枯树干一样地戳在那里，我举起手臂，像一根枯树枝

一样地长在那里。天地虽然很广大，万物虽然很繁多，我看得见的只有蝉翼。我目不斜视，心无旁骛，不因为其他东

西转移我对于蝉翼的专注，在这种状态下，粘蝉翼有什么不好做的呢？』

孔子对弟子们说：『人如果有了固定的志向，就不会分散自己的专注，他的精神也就凝聚在一起了。这就是驼背

老人给我们树立的榜样啊。』

精神要集中，注意力要集中，行事要集中，按照毛泽东氏的观点，打仗也要善于集中兵力。我还早有主张，认为

天才是精力集中的表现与果实。从这个意义上说，粘蝉老者的故事很平常，也很实在。

问题是，过分地集中精力，不免有些刻意为之的味道，似乎与坐忘的诀窍不相一致。勉强解释之，正由于坐忘了

一切杂念，才达到了精力的空前集中。或可一晒乎？

王蒙讲说《庄子》系列

六四七

六四八

颜渊问仲尼曰：「吾尝济乎觞深之渊，津人操舟若神。吾问焉，曰：『操舟可学邪？』曰：『可。善游者数能。

若乃夫没人，则未尝见舟而便操之也。』吾问焉而不吾告，敢问何谓也？」

仲尼曰：「善游者数能，忘水也。若乃夫没人之未尝见舟而便操之也，彼视渊若陵，视舟之覆犹其车却。覆却万方陈乎前而不得入其舍，恶往而不暇！以瓦注者巧，以钩注者惮，以黄金注者殙。其巧一也，而有所矜，则重外也。

凡外重者内拙。」

颜渊问孔子说：「我有一次在觞深那个深渊上乘船，船夫驾船的技术简直是出神入化。我问他：『驾船的事能够学习的吗？』他说：『可以呀。一个善于游泳的人，学上几天也就学会了。如果是一个会潜泳潜水的人呢，即使没有看见过舟船，他过来就会驾船的。』我不明白是怎么回事，便再问，他不说了。请问，他是什么意思呢？」

孔子说：「善于游泳的人很快就能学会驾船，这是因为他们根本不在乎也不害怕水不水的。至于那能够潜泳潜水游的人没有见到过船却立马能驾驶船，是因为在他们眼里，深渊最多是陆地上有几个小山包，在他们眼里，翻船就像倒车一样。翻船也好，倒车也好，种种景象在他们眼前出现，他们觉得司空见惯，他们的内心不会受到这种事端的扰乱，他们自然是在何情况下都镇定自若，也就能恰当地操作驾驶了？这就像用瓦片作为赌注的人心灵手巧，用铜带钩下赌注的人就干脆糊涂昏乱了。下赌注的技巧是一样的，思想上有负担有压力，下赌注的人就不免有所忌惮疑惧，用黄金下注的人就干脆糊涂昏乱了。下赌注的技巧是一样的，思想上有负担有压力，那就是看重身外之物啦。思想包袱一重，内里可不就变得拙笨失常了？」

庄子假借孔子之名发表的这一套理论至今为国人所喜用喜讲。把个人看得过重，心存担忧惧念，所谓私心杂念，

所谓负担包袱，所谓缩手缩脚放不开，至今仍然是体育竞技评论中对于竞技失败者的最多的评析、责备。会水的人容易学驾船，会潜水的人更是不怕驾船，这样的道理决不高深，而是实在得很。赌注过大了，赌徒脑门子上会冒汗，心慌意乱，反易失败，这也是很普通的道理。忘忘忘，《庄子》里头老是强调忘，不是没有道理的。真正的政治家，在政治博弈中感受到的是不无享受。真正的作家、艺术家，在殚精竭虑的创作中感受到的是满足与飞扬。体育明星在比赛中得到的是喜悦与兴奋。科学家在新的发现面前如舞如歌。他们会忘记困难，忘记技巧，忘记程序。他们会得心应手，左右逢源，不劳费心，自有天助。

老庄千言万语，反复呼吁的就是：人不可成为自己的敌人，人切不可想东想西，自我干扰，自生魔障，自我惊吓。这些说法虽然也有强调某一方面的地方，但都是真实的与理想的。

《庄子》里至少讲了两面：一个是人不应该超过人事的可能去追求，去捣乱，去苦自己与他人，一个是人可以忘记一切而大有成就。

这一段还有一个意思，人是需要一点提前量的，你要驾船吗，首先你需要精通水性，而且你对自己的水性要有充足的信心，你必须有举重若轻的气度，有如履平地的自然，有不在话下的轻松愉快。

四 牧羊对于养生的启示：注意弱项与病灶

田开之见周威公。威公曰：「吾闻祝肾学生，吾子与祝肾游，亦何闻焉？」田开之曰：「开之操拔篲以侍门庭，亦何闻于夫子！」威公曰：「田子无让，寡人愿闻之。」开之曰：「闻之夫子曰：『善养生者，若牧羊然，视其后者而鞭之。』」威公曰：「何谓也？」

田开之曰：「鲁有单豹者，岩居而水饮，不与民共利，行年七十而犹有婴儿之色，不幸遇饿虎，饿虎杀而食之。有张毅者，高门县薄，无不走也，行年四十而有内热之病以死。豹养其内而虎食其外，毅养其外而病攻其内。此二子者，皆不鞭其后者也。」

田开之去见周威公。周威公问：「听说祝肾先生在研习养生，您跟祝肾先生有所交往，从他那儿听到过什么说法吗？」

田开之说：「在祝肾那里，在下不过是拿着扫帚来打扫门庭，哪里能从先生那边听得见什么！」周威公说：「田先生不要太客气啦，我个人确是愿意听听这方面的讲说。」

田开之说：「祝先生说过：『懂得养生的人，他的养生之道就像是牧放羊群，关键是用鞭子驱赶落到后面的羊只。』」周威公问：「这话是什么意思呢？」

田开之回答：「鲁国有个人名叫单豹，住在山洞中，渴了就喝自然泉水，不与旁人发生利害关系，他活到七十岁了还保持着婴儿一样的气色，没想到不幸遇上了老虎，饿虎扑杀了他并把他给吃掉了。另一个人名叫张毅，善跑大宅门富贵人家，他与那些高层人士往来密切，走动频繁，想不到他活到四十岁就得了内热病而死掉了。单豹注重内心世界的修养，善练内功，可是老虎从外面吞噬了他的身体。张毅注重公共关系，交际的外功超人，可是疾病从内部毁掉了他的生命。这两个人，都没有做到注意与鞭策落在后面的羊只。」

王蒙讲说《庄子》系列

六四九

六五〇

不知道是否由于古代书写工具的困难，我们的古代经典常常语焉不详，失之简古。什么叫鞭其后者呢？没有解释，或者你注意驱赶后羊？因为后羊带来的是落后、迷失、分散、混乱、遇险的危殆。鞭后羊的含义中就有要提高警惕，要找出自身的内内外外有哪些不利于生活，不利于安全与长寿的因素，正视之、回避之、预防之的意思。

单豹注意气色与面容，也是对的，却想不到被饿虎所杀所食，这倒是符合老子的关于『无死地』的说法。养生不光是饮食起居、呼吸导引，也包含了防范危险的要义。

张毅呢，外功、公关的道行超群，不言而喻，他也能过上高于常人凡庸的生活，但是谁想得到热病过来光顾这位公关明星呢？

这也说明人对于自己的生活要全面，要仔细，你顾到了个人的生活清洁、身体康泰，却忽略了外部世界会有的危险；或者你注意了树立形象、多方关系、左右逢源、一呼百应、畅通无阻，结果一场小病就能让你一命呜呼。张毅的教训告诉我们，要反观自身的不健康因素、病灾因素、致命因素，这些负面因素就好比牧羊人放牧的羊群中的后羊、后羊。

羊群中有头羊，例如单豹的居住环境、饮用矿泉、与世无争，都是头羊前羊，而张毅的出入豪宅、结交权贵、门路宽广，办事方便，是张家羊群的头羊前羊。人的特点、弱点是，往往只得意于注意头羊那边，对别人，对自己，都是只注意锦上添花，而不注意雪中送炭。那边的头羊，头了还要头，前了还要前，多了还要多，但是后羊呢，不必多，一只哪怕只有一只，却能搞坏全部羊群。绝了，《庄子》此说立意新奇，而且直捅人性的要害。

甚至一个国家也是一样，成绩巨大、事业辉煌、生产发展、收入猛增、万民欢呼、举世称赞……这样的头羊一群一群，搞不好就要了你的命。一片一片。您就陶醉在头羊群体的欢乐咩咩中吧，您忘记了鞭策后羊，忽视了后羊的无端惨叫……例如环境恶化，例如道德沦丧，例如吏治腐败……那不麻烦了吗？

为了鞭策对于后羊的

鼓噪代替对于后羊的鞭策！

为了鞭策后羊，先让我们直面后羊吧，千万不要瞅后羊即转头侧视，不要假装没有看到后羊，不要用对于前羊的

仲尼曰：「无入而藏，无出而阳，柴立其中央。三者若得，其名必极。夫畏涂者，十杀一人，则父子兄弟相戒也，

必盛卒徒而后敢出焉，不亦知乎！人之所取畏者，衽席之上，饮食之间；而不知为之戒者，过也。」

孔子说：「用不着躲起来躲进去把自己深藏，也大可不必到处出风头显摆暴露自己，你就像根棍子似的戳在出与入、

躲避与显摆的中间，随随便便就行啦。倘若以上三种情况都能胜任，都不拒绝，你的名声，

该入则入，该戳着则戳着，就是说该介入社会就介入社会，该隐入深山就隐入深山，该听其自然就听其自然，你的名声，

一条令人产生畏惧的——有着危险与不安全因素的道路，即使是十个人从那边走过而一

个人被杀害，也就是说只有十分之一的危险，已经使父子兄弟相互提醒告诫，一定要等到同行者众多起来才敢上路，

这不是表现了人的警惕与智慧吗！对于人来说，你怕什么警惕什么并不需要亲身经历，在枕席间或餐饮时听到了信息，

就能有所提防有所警惕了；该畏惧的时候不畏惧，该防范的时候不防范，该警惕的时候不提高警惕——那可就是自取

其咎啊。」

王蒙讲说《庄子》系列

六五一 六五二

入世出世之论众矣，这里的人恰恰是后世所谓的出。就是说，这里的人指的是入深山，入家室后院，人自我之逍遥。

而这里的出则是后世所说的人，是出头露面，是出尽风头与洋相，是尽情表演个够。有味道的是，这里提出了一个「柴

退可以守，这是典型的中土包含着狡黠的高智商，是成熟到了极致，精明到了极致，也是境界提升到了极致的表现，

也与内篇中所讲的道枢之说，圆心之说一致。没有最后所说的这个境界，仅仅有狡黠与精明，恐怕难以不露马脚，恐

怕终将暴露自身的忸怩作态、捉襟见肘、装腔作势、破绽百出……例如，还用得着我举例吗？

立其中央」的说法：如木棍、如柴禾，如槁木，倒还不是如无所用的只供人们午睡阴凉的大樗。中间一戳，进可以攻，

畏途之说，前贤多解释为听见路上有险，都很警惕，但是对于枕席上、餐饮上的好色与饕餮之害，却听之任之，

是人之大过。一家伙把警惕警惕防范的后羊之论变成节欲、戒淫、戒贪吃之论了，窃以为这还仍然一气呵成地继续

发挥此段文字的后羊论、防范论、警惕论、无死地论更好些。你不是鱼，却愿意略略谈论鱼儿之乐，你不姓庄，却做

出了王氏之庄解，不至于是「歪批三国」吧，识者教之。

五 为什么有时候人为自己打算不如为猪打算更明白

祝宗人玄端以临笑，说彘曰：「汝奚恶死？吾将三月豢汝，十日戒，三日齐，藉白茅，加汝肩尻乎雕俎之上，则

汝为之乎？」为彘谋，曰不如食以糠糟而错之牢笑之中。自为谋，则苟生有轩冕之尊，死得于豚楯之上，聚偻之中则

为之。为彘谋则去之，自为谋则取之，所异彘者何也。

祝宗人玄端以临笑，对着圈里的猪仔说：「你为什么不喜欢死呢？我会好好地喂养

你三个月，用十天的时间给你把斋，给你铺垫上白茅草，然后把你的蹄髈和后臀部放到雕刻

精致的盛器上，你觉得可以了吗？」如果是替猪打算，应该说是待遇再好也比不上吃糠吞糟而关在猪圈里活下去。可

笑的是，当人们为自己打算，却一味地希望活在世上有高贵荣华的地位，死后则能装入绘有华采纹络的灵柩车辆与棺

椁之中。站在猪的立场的时候，能够舍弃白茅、雕俎之类的华而不实的一切附加物，而为作为人的自己打算时，却想追求这些玩意儿，请问，为人与为猪、人与猪的区别究竟在何处呢？

堪称绝妙，世上原来有这么多哭笑不得的素材。猪并不脑残，它的『思想』立场追求很单纯明快，死后高级别待遇，比不上猪圈中的苟活、贱活、赖活。乡下俗谚：好死不如赖活着。人高明了半天，人自诩比猪高明伟大凡几，却比猪还不明事理，专门去追逐那些人生的附加物。很黑色幽默，也很刺激，这样讽刺同类，够刻薄的喽。

然而，这个说法一定站得住吗？猪是人类豢养了吃肉的，当然还可能兼用其皮革与鬃毛，除了多活几天之外，它还能有什么意志、愿望、选择？如果人当真站到猪的立场，为猪操心，则应该干脆别吃猪肉与一切动物的肉。人能够与猪相提并论吗？人不然，人有头脑，有文化，有后裔，有家人，有族群，人的要求比在猪圈里清闲自在复杂得多。人能够这很自然。

还有一个大跳跃，猪是在被杀与活下来之间选择，其实猪仔无从选择，从无选择。人的选择更麻烦多了。多数情况下，人的选择不是针对被杀与活下去的二元对立，而是怎样活得更好些。你如何能断定人只能像猪一样吃糠咽糟地活着，而一接触花纹雕饰、白茅软草（现在则不是软草的问题，而是席梦思、水床等等）、庙堂大典，就要嘀儿屁着凉呢？庄子岂不是自说自话，有点搬弄唯活论、活命哲学、不苟活则必死的伪公理？他对于人的虚荣与消费需求进行彻底否定了吗？这里头有没有矫情，有没有强辩，有没有逻辑上的掉包术？

也许庄子有意无意地跳过了一个说辞，有那么一些人为了虚荣，为了贪欲，为了排场，为了争权夺利与自吹自擂丢了性命，其愚蠢接近于匪夷所思的猪仔为待遇而求死。如果就此说几句话，也许此段文字的说服力有所增强。

人可能确有比猪麻烦乃至显出愚蠢的地方，因为人面对的选择会把人自身绕进去，人做出错误选择的几率远远高于猪。从这个角度多想一想，有点意思了。

王蒙讲说《庄子》系列

六五三
六五四

六　思霸成病，白日见鬼

桓公田于泽，管仲御，见鬼焉。公抚管仲之手曰：『仲父何见？』对曰：『臣无所见。』公反，诶诒为病，数日不出。

齐士有皇子告敖者曰：『公则自伤，鬼恶能伤公！夫忿滀之气，散而不反，则为不足；上而不下，则使人善怒；下而不上，则使人善忘；不上不下，中身当心，则为病。』

齐桓公到湿地去打猎，管仲为他驾车，忽然看到了一个鬼。桓公摸着管仲的手，问说：『仲父（犹言亚父、叔叔）您见到什么了吗？』管仲说：『臣下我没有看到什么呀。』

打猎回来，齐桓公感觉疲倦困顿，病了，好几天足不出户。

齐国的士人当中有个名叫皇子告敖的，对齐桓公说：『您这是自己给自己找的病，鬼如何能伤害得了您呢？要说这个人总是会有愤怒压抑之气郁结的，这样的不良之气，郁结在上头，散发出去，收不回来了，就使得中气不足，疲惫不堪。这种郁结之气走到上头，下不来了，人会变得易怒。郁气走下去，上不来了，人会变得健忘，记忆力衰退。郁气不上不下正当中，走到心里去了，就该生病了。』

看来中国传统医学的一些说法由来已久，这里的关于郁结之气的说法，似乎至今仍被中医学者所用。与西医比较，中医更多的是考虑人自身的原因，这样的理论虽然缺少实证，但很有说服力，容易令人信服。其实来自外界感染而生

发的病痛，很可能与身内心内的状况有关。西医至少也承认免疫力强的说法，为什么有人免疫力强，有人就弱呢？为什

么同一个人有的时候免疫力强，有的时候就弱呢？这样的问题的提出，并不是没有意义的。

我喜欢，不，我佩服西医的手术、仪器、器械与数据化的成就。我同时喜欢中医的理论，虽然这理论也许有

点想当然，有许多推测与跟着感觉走的地方。就说这个郁结之邪气论吧，固然难于作仪表或同位素跟踪的监测，

却符合人的大致感受。邪气上涌，面红耳赤，血压增高，确是躁狂易怒的征象。邪气下行，步履蹒跚，大脑一片

空白，双目发黑，则是抑郁健忘、冷淡漠然的表现。胸闷腹胀，心慌意乱，疼痛恶心，则是邪气居中、不能通畅

的结果。

桓公曰：「然则有鬼乎？」曰：「有。沈有履，灶有髻。户内之烦壤，雷霆处之，东北方之下者，倍阿鲑蛮跃之；

西北方之下者，则泆阳处之。水有罔象，丘有峷，山有夔，野有彷徨，泽有委蛇。」公曰：「请问委蛇之状何如？」

皇子曰：「委蛇，其大如毂，其长如辕，紫衣而朱冠。其为物也，恶闻雷车之声，则捧其首而立。见之者殆乎霸。」

桓公说：「这么说，是当真有鬼了？」告敖说：「有。水中污泥里有一种鬼叫履，灶膛子里的鬼叫髻。门户过道

里的熙熙攘攘处，一种叫做雷霆的鬼桌在那边；东北方向的墙下，一种名叫倍阿鲑蛮的鬼在那里跳跃，西北方的墙下，

名叫泆阳的鬼住在那里。水里头的水鬼叫罔象，丘陵上的鬼叫峷，大山里有山鬼夔，原野上有野鬼彷徨，草泽湿地里

呢，那里的鬼叫委蛇。」桓公又问：「请问，委蛇的形状是什么样的呢？」告敖说：「委蛇，身躯大如车轮，长如车辕，

穿着紫衣，戴着朱红色的冠冕。这种东西，最怕听到雷车的声音，一听见，就双手捧着头脸站在那儿。而这个时候见

王蒙讲说《庄子》系列

六五六　六五五

到它的人，差不多也就能成就霸主的大业了。」

庄子为文的特点之一，就是说什么都说得丰赡华丽，热闹新奇，引人入胜，特别是各种名称，堪称天花乱坠、迷

人心目，如彩虹，（毛泽东词：「谁持彩练当空舞？」）如万花筒，如焰火施放，如天花乱坠。讲天籁、地籁时是这样，

讲灵台，鲁的散文诗中讲皮肤如处子，都是「庄体」「庄风」。在荒野上做鬼，怎么能不彷徨呢？不彷徨的话，哪里

讲生命形态变来变去时是这样，甚至讲到鬼时也这样丰富多彩，令人目眩神迷。

鬼的名称极杂，你虽然不得其确解，仍然为这些说法，称号而赞叹，例如荒野上的野鬼名叫彷徨，多么动人，简

直叫你读了热泪盈眶！相信熟悉庄周的鲁迅，在命名他的第二本小说集时，一定受到了此处的野鬼之名的启发。鲁诗

表现得出来荒野的空旷与寂寞？湿地里的鬼叫做委蛇，委蛇本来是蛇行之状，这应该与湿地里多蛇有关，为什么那副

怪模怪样呢？这倒费一些思量了。水里的鬼名罔象，好懂，水中倒影，最多是罔象，古

人的说法是一种赤衣美女型的鬼神，不知道是不是与女性多司执炊有关，如此这般，我很怀疑当时的

神州大地上有没有这种多鬼主义与多鬼的名称，怎么读来读去，想来想去，这一套更像是作者的杜撰、发挥和才情泛滥？

太妙了，庄子！你可真敢抢！

甚至于读者会技痒，按照此段的文字与逻辑再延伸延伸，发挥发挥：冰河中应有鬼名幽独，深谷中应有鬼名

饭堂中应有鬼名饕餮，刑场上应有鬼名踯躅，古战场上应有鬼名腐恶，衙门中应有鬼名腐恶，坟场上应有鬼名

浪荡，天空应有鬼名蔽明，水坑中应有鬼名沉冤或沥血，星空应有鬼名眩，暴雨中应有鬼名噬，大雪中应有鬼名藏，此外还有

狂厉，还有阴毒，还有崩解，还有遗魂，还有乐颠，还有婵娟，还有蛊惑，还有尽忘，还有狂吸，还有无血，还有巨

目……各式各样的鬼活动，存留在适合它们的地方。

谁能想得到，想想鬼名也有如此的快乐！这完全不是毛泽东喜欢提倡的《不怕鬼的故事》，而是快活的与鬼共舞

的大联欢！西洋有假面舞会，有鬼节，国人一般对之兴趣一般般，现在，读了《庄子》此段，我们对欧美风俗也可以

理解，可以与之共享了。有一个时期，我们常常以牛鬼蛇神为名来骂一些我们不喜欢的人，其实牛鬼蛇神的想象，也

可以带来趣味。呜呼，庄子不仅可以带着我们『复古』，还可以帮着我们『知洋』呢。

桓公嚬然而笑曰：『此寡人之所见者也。』于是正衣冠与之坐，不终日而不知病之去也。

桓公听了后哈哈大笑，说：『这正是我所看到的那个鬼呀。』于是整理好衣冠与皇子告敖坐在一起谈话，不到一

天的时间，疾病也就不知不觉地痊愈了。

这非常像是心理医生依据弗洛伊德学说进行的心理矫治。他说中了齐桓公的心病，点破了他的情意结，就像一个

少女幼时受到过性虐待，自己不敢再去想它了，却永远有心理变异的后遗症，最后在半催眠状态下，经医生启发说出

了心病，从而治愈。至于齐桓公，一心要称王称霸想出毛病来了，被皇子告敖点破，还是别的原因，也可以是幻影。

存疑。紫衣朱冠，当然不像贫寒之家人员，恶雷车，心存疑惧，捧头而立，这是为君王当差者的形象，也可以是幻影。

捧头待取乎？发出警告或自我告诫乎？反正捧头而立的形象涉凶险，不像康泰年景，更不逍遥了！桓公见此象能不生

病吗？告敖点出此象，能不痊愈吗？

七 呆若木鸡幻想曲

六五七

六五八

纪渻子为王养斗鸡。十日而问：『鸡已乎？』曰：『未也，方虚憍而恃气。』十日又问，曰：『未也，犹应向景。』

十日又问，曰：『未也，犹疾视而盛气。』十日又问，曰：『几矣。鸡虽有鸣者，已无变矣，望之似木鸡矣，其德全矣。

异鸡无敢应者，反走矣。』

纪渻子给周宣王饲养训练斗鸡。十天后周宣王问：『鸡训练好了吗？』纪渻子回答：『还没有搞好，这个鸡还

很浮躁、虚骄，气盛得不得了呢。』又过了十天，周宣王好了没有，回答说：『还是不成，它对于响动呀、影像

呀的反应太过，跳呀叫呀，仍然沉不住气。』又呆了十天，周宣王再问情况，回答说：『还有点东张西望，转睛迅疾，

盛气凌人。』又过了十天，已经四十天了，周宣王又问起来，回答说：『这回差不多了。别的鸡即使鸣叫，它也不搭理，

若无其事，看上去像只木头鸡，它的品质与功能可以说是够份儿了，别的鸡没有敢于与它叫阵的，也没有敢回应它的，

都是一见它就掉头跑掉了。』

这才是呆若木鸡的原出、原『教旨』、正宗、正解。惜哉庄子，你所树立的光辉形象流传下来却变成了可笑的负

面的东西。呆若木鸡，今天的解释是：惊惧莫名，痴呆愚傻，麻木不仁，刺激过度，脑残变异，一筹莫展。而当年的

庄子意图勾勒的是不动声色、深不见底，沉稳有定、变化莫测，不战而胜、不鸣而威的神奇形象。

注意！中土传统文化崇敬的不是强壮，不是好勇斗狠，不是泰山压顶，也不是光芒四射；我们常常心仪的恰恰是

弱中之深强，阴柔中蕴藏着阳刚，是败者之潜胜，是以退为进、诱敌深入，是以弱胜强、以少胜多、以柔克刚、以智

胜力，是迷惑敌方、是引导、引诱强大的对手犯错误，是等待着「不战而屈人之兵」的上上策，上上机会。所以卧薪

尝胆的越王勾践，战胜了浮躁骄傲的吴王夫差。装死受辱的范蠡，终于复仇成功。而此后，屡战屡败的刘邦战胜了力

拔山兮的项羽……毛泽东提出的游击战争的基本原则也是『敌进我退，敌驻我扰，敌疲我打，敌退我追』。一直到形象、

风度、举止、仪表上，我们是宁可呆若木鸡，不可张扬外露；宁可失之肉头，宁可失之阴险，绝不失

之天真；宁可遇事三缄其口，绝不轻易表态，以防祸从口出。至今有官运亨通者的窍门，就是一声不吭四字。看来国

人确实有将智力变为谋略，将谋略变为阴谋的倾向，无怪乎老与庄都拼命贬低知与智。在我国同样源远流长的是非智

主义。

八 从能工巧匠的长技升华到对大道的体悟

笔者老王，颇喜老庄，能够东谈西议、七忽八悠，升天入地，与老庄二部、三部合唱，此应彼和，徜徉优游，

也够意思啦……终七十余年之生聚教训，却硬是完全做不到、一点不沾边斯呆若木鸡四字，悲夫！你可以幻想鲲鹏展翅，

你可以揣度朝三暮四，你可以羡慕乘瓠浮于江湖，你可以理解醉睡于大臭椿树下，你可以共鸣于化蝶，你可以赞叹于

解牛，你可以心逐仙子，神交群鬼，却死活做不到呆若木鸡，道乎？缘乎？命乎？这一道坎儿你反正是跨不过去。

孔子观于吕梁，县水三十仞，流沫四十里，鼋鼍鱼鳖之所不能游也。见一丈夫游之，以为有苦而欲死也，使弟子

并流而拯之。数百步而出，被发行歌而游于塘下。孔子从而问焉，曰：『吾以子为鬼，察子则人也。请问，蹈水有道

乎？』曰：『亡，吾无道。吾始乎故，长乎性，成乎命。与齐俱入，与汩偕出，从水之道而不为私焉。此吾所以蹈之也。』

孔子曰：『何谓「始乎故，长乎性，成乎命」？』曰：『吾生于陵而安于陵，故也；长于水而安于水，性也；不知吾

所以然而然，命也。』

孔子到了吕梁一地观景，看到那边有个大瀑布高悬三十几丈，冲激四射的泡沫和水花溅出去四十里地，鼋、鼍、鱼、

鳖都无法在这里游动。孔子看到一个壮年汉子在水里游动，还以为那人是有苦情冤情而寻死的，便派弟子顺着水的流

势去救人。忽见那壮汉到了几百步远的地方，从水中露出了头，披着头发，一面唱歌一面游走在堤岸下。孔子追上他，

对他说：『我差点以为你是鬼呢，定睛一看是个人。请问，你游水有什么特别的法门道行吗？你怎么敢在这里游？』

那人答：『没有，我并没有什么特别的游水之道。起初不过是故常熟悉，后来是习惯成性，能游凫成功完全在于听其

自然。我随着水流的盘旋一起沉到水底，又跟随向上涌的波流一道游出水面，跟着水势走，而没有什么自己要如何如

何的主意或者动作。这样我也就敢下水游凫啦。』孔子说：『你所说的「起初不过是故常熟悉，后来是习惯成性，能

游凫成功完全在于听其自然」是什么意思呢？』汉子说：『我出生在丘陵地区，也就熟悉丘陵的地势，后来是习惯成

熟悉；我在水边长大，也就习惯了水边的生活与水性；我并不知道我的生活为什么是这个样子，

但是我就是这个样子活到了今天，这就叫做听其自然呗。』

以游水为例讲人生的道理，古已有之。『文革』初期也曾经大吹特吹『在游泳中学会游泳』。就是说，在游泳中

学游泳有可能成为蛮干、无准备之贸然从事、冲动冒险的同义语。

这里的游水故事倒还有趣。鼋、鼍、鱼、鳖游不了的地方，能够做到熟悉、习惯、成性与顺其自然的汉子却完全胜任，

以天合天的说法很有深度。

人好人坏，人福人祸，人喜人悲，人性的美善与丑恶，其实都不可能完全脱离自然。和平离不开人性对于生的珍惜和

改善生存状况的心愿，战争则是来自争强好胜、争霸好斗、自卫与逞雄的另一部分天性。劳动技能、艺术创造、制造

器皿，这都与猴要上树、鱼要游水、天要下雨、鸟要飞一样，是天性使然。而劳动与制造的对象，木材也好，陶土也好，

金属也好，也都有各自的天性、天资与天生的特色。也就是说，我们所说的主体与客体、精神与物质、文化与自然，

其实说到底仍然是大自然的产物、『天』的产物。问题在于，有时候人摆不正自己的位置，自命不凡，自作主张，逆

天而动，强天所难，如去寻觅不死之药，如为了贪欲而毁坏环境，如为了快感而吸毒……那就是自取灭亡，自找失败。

而当你的天性与客体的天性相匹配、相一致、相结合的时候，情况就是最好的了。劳动、创造也是如此，只有当你的

创造性、你的工艺与客体、对象的纹理、质地、性能、条件相一致，你才能做出最好的了。一个政治家，只有他做

的一切与历史的规律、百姓的要求，中国古代的说法是民心、即天心，相一致的时候他才能成功。一个艺术家，只有

能够做到最好的师法自然，做到天假其手，若有天助、悲天悯人、惊天动地、海阔天空、妙手天成、大匠运斤、胸有

成竹，才能创造出天才的成果。文章得失不由天，这是对的，因为文章是人写出来的，但文章并不是孤立的存在，文

章也要道法自然，要生动活泼、行云流水、生气洋溢、生机勃勃。只有作家的天与生活的天、自然的天相重合相和谐，

写起来立意自然超拔，语句自然流淌、情节自然衔接，感情自然汹涌、修辞自然纯正，风度自然翩翩，才能有真正的

不凡创造。反之，过分的人为雕琢，小手小脚地弄出点玩意儿是可能的，终不成大器。

王蒙讲说《庄子》系列

六六三

六六四

东野稷以御见庄公，进退中绳，左右旋中规。庄公以为文弗过也，使之钩百而反。颜阖遇之，入见曰：『稷之马将败。』

公密而不应。少焉，果败而反。公曰：『子何以知之？』曰：『其马力竭矣，而犹求焉，故曰败。』

东野稷因为驾车驾得好而被鲁庄公召见，他驾车时，进前退后都是在一条直线上，像绳子拉出来的一样直；左右

转弯，则像圆规勾勒的一样圆。鲁庄公认为就是制图画样子也不过如此，于是要他赶上车转一百圈后再回来。颜阖赶

上了这个盛况，进见庄公说：『东野稷的马将会累垮的。』鲁庄公默不作声。不一会儿，马果然失利而归。鲁庄公问

颜阖：『你从哪里知道今天的演练笃定会失败呢？』颜阖回答说：『东野稷的马力气已经用尽了，可是还要进一步要

它干这干那，所以说肯定要累坏的。』

这个故事其实通俗易懂，本来的驾车技术无与伦比，你偏要好上加好，至于无限，那就是老子喜欢讲的『物壮则老，

是谓不道』（第三十章）。达到了极高点之后只能是物极必反，走向反面了。马车能够做到进退中直，左右绕圈正圆，

已经是登峰造极了，你还要它转一百个圈，那就是不把它搞垮不算完，那就是意欲抬高之，实为毁坏之。世间这样的

事少吗？永贵大叔本来够优秀也够幸运的了，记者的报道使他头戴光环，出类拔萃，不算完，非让他原地转一百圈，

进入政治局当起副总理来不可，能不败乎？

还是工倕旋而盖规矩，指与物化而不以心稽，故其灵台一而不桎。忘足，屦之适也；忘要，带之适也；知忘是非，心

之适也；不内变，不外从，事会之适也；始乎适而未尝不适者，忘适之适也。

能工巧匠倕随手画圆，自然中规中矩，手指自自然然地跟着外物一道运走而不需要用心良苦，所以他的心思专

那样高高在上，那样针尖麦芒，毫不留情；你老人家提供了如你所讲的『芒然彷徨乎尘垢之外，逍遥乎无事之业，是谓为而不恃，长而不宰』的范例了吗？你沾点至人的边儿了吗？别说什么尘垢之外即看破红尘了，别说什么逍遥无事即纵浪大化了，你连个聆听旁人，叫做洗耳恭听，与人为善，平等讨论，至少是循循善诱也没有做到哇。别说什么『为而不恃，长而不宰』即谦虚平和、与世无争了，你对孙休这样一个绝无大恶，说不定是相当良善的人都这样盛气凌人，你让人家去吧，算了吧，我看还是您去吧。

或谓，孙休是扁子的徒儿，师徒如父子，扁训休是老子教训儿子，是对孙的当头棒喝。也可以将这个因素考虑进去。

养海鸟的情节已见前文，此前，养鸟事嘲笑的是楚王，是人，是说人太蠢，以己度鸟，名为爱鸟，实系害之。这回故事不改，分析角度却透露了某些巨变的潜质：人固然蠢，鸟也实在是水准太低。你吃的委蛇当然不如太牢的侯国国宴，你游的深林江湖，当然也不如楚国国宾馆，至于高级音乐，你听不懂，听了受惊，也暴露了你的缺乏学养与现代文明教育。从A到B说完了，再从B往A分析，这是一场思辨的游戏，这很好玩，也启发思想。如果此段是庄周自撰，它使庄周的思想更加丰富多彩，绚丽迷人。

而从扁子的角度思忖呢，你不论规格、境界、理念有多么高，要照顾海鸟，要照顾孙休，要照顾大众，更要照顾落后滞后，这也很重要。越是自命精英的人，越是宣称要成为有机知识分子的人，越要注意这样的照顾，而不是自说自话，念念有词。

要明白对牛弹琴的故事里被讽刺的并不仅仅是牛，更是弹琴者，更何况一千个一万个弹琴者中，有几个是肖邦是李斯特，哪怕只是理查德·克莱德曼呢？你弹的琴本来就低劣，还摆出一副不可一世的蠢态，你除了无用，还有无趣，还能怎么样呢？

老王说：庄子善讲故事，此章更是充满故事寓言，好不花哨！好不热闹！琳琅满目！遍天焰火！醉者坠车，操舟若神，疴偻者承蜩，不折镆干，不怨飘瓦，东野稷御，桓公见鬼，呆若木鸡……庄子的思维不亚于孔、孟，形象大于思想。读了这些寓言，得到的不仅仅是寓意启发，黄、老、孙，庄子的忽悠更是大大强于优孟，东方朔……而且，还包含着幽默、讽刺、巧思、想象力、机智、生活细节的发现，作出不同解释的相对性与可能性。再说寓言派生出了成语，成语却丢掉了寓意。例如呆若木鸡，成语绝对不是形容超级境界与顶尖本领，而是作麻木不仁、情智皆障解。

呜呼，庄生大匠运斤，巧舌如簧（无贬义），语出追天，言出惊天，天只是微微一笑，然后经过千年百年，将他惊世骇俗的名言、名理、名故事淡化、浅化、俗化、一般化、普及化了，赞乎叹乎，悲乎喜乎？读者当可会心。

山木：哑雁的尴尬、黄雀的教训、空舟的浩荡

读过《逍遥游》的人忘不了庄子形容的那株大樗树，忘不了庄子对于无用之用的说辞，阔大中不无悲凉，逍遥中不无寂寞……『何不树之于无何有之乡，广莫之野，彷徨乎无为其侧，逍遥乎寝卧其下。』果然，『客心洗流水，余响入霜钟』（李白诗《听蜀僧濬弹琴》），大臭椿的余韵在本章《山木》中再次奏起，而读《山木》如以流水洗心——

早在美国人攻击意识形态的对立面搞什么『洗脑』之前，李白已经在描绘洗心了。

什么世道啊，有用乃是被砍伐的理由，而无用的结局是被宰杀。这里的有用，其实不还仍然是无用或者叫做更加

无用吗？于是此处的庄子必须比《逍遥游》中的庄子更抓不着摸不住，这里庄子讲的寓言要更立体、左右逢源、

有无通用、空无明光、无端无始。《国际歌》唱的是「莫要说我们一无所有，我们要做天下的主人」，《庄子·山木》

说的则是：「明白我们其实一无所有，我们就是天下的至人！」二者虽然风马牛不相及，却都强调了无的无比优越与

主动。

我们当真需要这样做吗？我们当真能够做到这般田地吗？我们当真能够如同一艘空船一样地享受无目标、无用心、

无挂牵的生死同格的快乐吗？

一　急中生智的答复：有与无之间

庄子行于山中，见大木，枝叶盛茂，伐木者止其旁而不取也。问其故，曰：「无所可用。」庄子曰：「此木以不

材得终其天年。」夫子出于山，舍于故人之家。故人喜，命竖子杀雁而烹之。竖子请曰：「其一能鸣，其一不能鸣，

请奚杀？」主人曰：「杀不能鸣者。」明日，弟子问于庄子曰：「昨日山中之木，以不材得终其天年；今主人之雁，

以不材死。先生将何处？」

庄子笑曰：「周将处乎材与不材之间。材与不材之间，似之而非也，故未免乎累。若夫乘道德而浮游则不然，无

誉无訾，一龙一蛇，与时俱化，而无肯专为。一上一下，以和为量，浮游乎万物之祖。物物而不物于物，则胡可得而

累邪！此神农、黄帝之法则也。若夫万物之情，人伦之传则不然。合则离，成则毁，廉则挫，尊则议，有为则亏，贤

则谋，不肖则欺。胡可得而必乎哉！悲夫，弟子志之，其唯道德之乡乎！」

王蒙讲说《庄子》系列

六七一
六七二

庄子在山中行路，看到一棵枝叶繁茂的大树，伐木的人呆在树边，却没有动这棵树。问他们是什么缘故，回答说：

「这棵树没有什么可用之处。」庄子说：「这棵树就是因为不成材料才能够享受其天年的啊！」庄子走出山地，借住

到一位老朋友家中。老友高兴，叫童仆杀鹅来烹调款待。童仆请示主人：「一只鹅会叫，另一只不会叫，请问宰杀

哪一只好呢？」主人说：「就杀那只不会叫的吧。」第二天，庄子的学生询问庄子：「昨天看到的山中的大树，因

为不成材，反而能终其天年；如今这边的主人的鹅，因为不成材就丢了性命。先生您，对待这样的悖论，会怎么样

处理呢？」

庄子笑着说：「我自己干脆处在成材和不成材的中间。处于成材与不成材之间，好像有点道行，像那么回事啦，

其实仍然不够，叫做仍是似是而非。这种「之间」的状态仍然免不了世俗的拖累与麻烦。假如能顺应、依托天生的

自然而然的大道玄德而飘浮游走，也就不会有拖累与麻烦了。那时，对于一个人一件事，没有称誉也就没有非议，

有时能腾飞如龙，有时也能爬行如蛇，就是说，能随着时间的推移而变化更新，随时自我调整，无往而不适，无往

而不胜。而主观上无意于一定要怎样怎样，也无意于一定不可以怎么样，这就叫做无为无不为。这样的话，你既可

以下滑，也可以上升，能上能下，一切以顺应、认识、使用外物为标准，让外物为自己服务，

保持着万物与自身的原生状态、原生性情，却不被外物所役使、劳累、歪曲，

不受人的偏见执着的阻碍干扰，不被异化。那么，怎么可能还受到外物的拖累与麻烦呢？这就是神农、黄帝治世的无为原理。

也就是保持主体性，不被异化。

王蒙讲说《庄子》系列

至于说到万物的情状、动态，人伦的传统、传承，就不会只是这样的啦：任何的聚合统一，同时也就包含了分崩离

析的契机；任何的成功成就，同时也就包含着毁损败亡的因子；越是坚持所谓的纯正清白，越是容易碰壁与受到打

击；而尊显与高位，一定会受到评头论足、攻讦抹黑，以至于造谣攻击；越是有作为，就越是按下葫芦起了瓢，易

于被抓到小辫子和做得不周到的地方，越是贤能就越会受到孤立与计谋的暗算，而窝窝囊囊则更易受到欺侮，谁能

说得准什么就必定会有什么后果，会有什么结局呢？可怜的人们！弟子们好好想想吧，恐怕还只有归于大道

与玄德的根本才能得救吧！」

这是《庄子》里最有趣的故事之一，比《逍遥游》中大樗树因无用而平安的故事更全面，也更黑色幽默。可不是吗，

有用无用，保命丢命，谁能说准，谁能有定？这次因百无一用反而保住了性命，下次却因无用无能，一无所取先丢

了脑袋，谁能总结得出规律来？就像躲避地震灾害，有的因仓皇逃窜而保命，有的因奔跑太快而丧身，有的因躲在

桌而幸存，有的因躲在桌下而死无葬身之地。你能制定出良策来？比如股市，有的因吞吐及时而发财，有的因不

够沉稳而跳楼，世道凶险，天下大乱，股市（文坛、官场、商场、娱乐圈、体坛等均如是）风云，倏忽万变，你能

不喊：「悲夫！」

「材与不材之间」，庄子是笑着说的，说别的事并没有怎么笑，看来「之间」说涉嫌狡猾与脚踏两只船，说有

用就有用，说有用，说装傻充愣就装傻充愣。混乱年代里，关键是谁都得有两手活、两张皮，一龙一蛇，一牛一马，一材一不

材，一智一愚……妙哉，无奈哉！

而越是合作就越容易分裂，越是有作为越容易顾此失彼，越是廉正越容易受挫折，越是荣显就越是容易被众口铄

金……谈得极老到精彩。盖合作多了摩擦碰撞也多，夫妻最亲爱，也最容易争吵，直至反目成仇。一些团体组织的内

部斗争远比外部斗争频仍惨烈。「廉则挫」，这话带几分沉痛意味，您上网浏览一下就知道了，谁能免祸？莫非

如材与不材之间一样，人也要处于廉与不廉，至少是廉与难得糊涂之间吗？「尊则议」，当他们能够在网络上

大骂平时他们不能望其项背的人五人六们时，他们得到了怎样的可怜的快意！反过来说，那些所谓的成功者们，你们

已经养富尊荣，你们已经财大气粗，你们已经摇头摆尾，你们还穷神气些什么？你们还要欺侮处境、背景、机缘与智

商都比不上你们的人，你们不是自取灭亡吗？

最后谁也没有把握，只好再来个早早地拔葱，归返于道德之乡，有些无奈，有点岂能尽如人意天意，但求无愧我心

道心的意思，有点尽人事听天命的意思，有点既然无能无为力，只剩下吃斋念佛一种招数啦的意思，却也有玄而又玄，

众妙之门的自我牛皮。总之，庄子至此也只能向不讲道理的命运认输告饶，再求精神胜利了。

庄子机敏善辩，什么都来得快，鼓吹完了无用之用，面对着鹅仔因无用而丧生，其实庄子的唯无用论已

经捉襟见肘，应该说他的无用方为有用之论而处境尴尬，便立马来个处乎材与不材之间的妙论，唯无用论已

是遁解之论，脱身之论，强辩之论，但仍然是大智，盖世间对立的两端两极之间，应该还有许多余地，偌大空间；而

且两极也是互相转化变动的，上学时不材，不等于做事后仍然不材。做职员很不材，做大事做董事长说不定很是材料。

爱因斯坦上学时老师对他评价不好，他不但是大才而且是天才。菲尔普斯被老师看扁，说他做任何事都不可能成功，然而他在二〇〇八北京奥运会上创造的游泳佳绩令世界惊叹。

庄子且战且退，先说了个『材与不材之间』，马上觉出并不那么是滋味，赶紧找补。只要给自己定了位，就一定有此位的麻烦拖累，却原来人不但要无为，而且要『无位』。无位之乐，其乐无穷，可惜很多人是退休后才明白过滋味。

于是他只能一个筋斗云飞出十万八千里，变成了浮游，变成了忽悠，变成了万物之祖、万物之初、回到星云、回到太虚，无誉无訾，一龙一蛇，一上一下，与时俱化，一分算是人，且是『至人』，九分算是神仙……那还能不是东方不败、百战百胜吗？可谓虚胜实败了。

庄周承认他自己与他的历代精神后裔们是这样的吗？

二　知道的多了，难免会犯蠢

市南宜僚见鲁侯，鲁侯有忧色。市南子曰：『君有忧色，何也？』鲁侯曰：『吾学先王之道，修先君之业；吾敬鬼尊贤，亲而行之，无须臾离居。然不免于患，吾是以忧。』

市南宜僚与鲁侯相见，鲁侯面带忧愁。市南宜僚问：『我君面带愁容，这是怎么回事呢？』鲁侯说：『我呀，学习先王治国的一套道理，努力做好先君留下的事业；我敬仰鬼神，崇拜先人，尊重贤能，躬身力行，不敢有一刻背离。可是仍然不能免除祸患，我就是因为这个缘故而发愁。』

很好，历史上有许多昏君，荒淫无道，黑白不分，脑残心狠，自取灭亡。但历史上也有一心做明君的人，宵衣旰食，明察暗访，苛求严管，终于还是一连串败绩，被历史的大潮吞没。例如崇祯皇帝朱由检。庄周那个时代已经看到了这一点。有为则亏，前一小段已经讲过了。你做得越琐碎细致、力求周全，就越是挂一漏万、捉襟见肘。这样的例子磬竹难书。真正的管理者、大人物、大师，必然是有所为有所不为，有抓有放，有细有粗。越细越没完，越精越遗漏，老子庄子早就看出这个道理来了，可惜一些自我感觉过于良好的人，一些以民之父母自居而不是以人民的儿子自况的人，弄不明白。

市南子曰：『君之除患之术浅矣！夫丰狐文豹，栖于山林，伏于岩穴，静也；夜行昼居，戒也；虽饥渴隐约，犹且胥疏于江湖之上而求食焉，定也。然且不免于罔罗机辟之患，是何罪之有哉？其皮为之灾也。今鲁国独非君之皮邪？吾愿君刳形去皮，洒心去欲，而游于无人之野。南越有邑焉，名为建德之国。其民愚而朴，少私而寡欲；知作而不知藏，与而不求其报；不知义之所适，不知礼之所将，猖狂妄行，乃蹈乎大方；其生可乐，其死可葬。吾愿君去国捐俗，与道相辅而行。』

市南宜僚说：『您的消除祸患的办法也太浅陋了！皮毛丰厚的狐狸和斑纹绚丽的豹子，栖息在深山老林之中，藏身于岩穴山洞之内，它们已经够沉静的了；它们夜里行走，白天居留，这也算是够警戒小心的了；即使饥渴难耐，也尽量销声匿迹，远离各种足迹，尽量到少有踪迹的江湖边觅求食物，这也可以说是够有定力的了。然而它们还是不能免于罗网和机关的杀身之祸，这两种动物的罪过何在呢？是身上的皮毛给它们带来灾难。如今的鲁国，不就是为您鲁君带来灾祸的皮毛吗？我希望你能剖开身体，舍弃皮毛，洗净心术，丢掉欲望，游走生活于没有人迹的旷野。南方百

越地区有个城市，名叫建德之国。那里的百姓愚直纯朴，不动心计，也少有自私与贪欲，却不知道储藏积累，他们只知道给予别人，却并不要求酬报，他们不明白义的目的与效用，不知道礼会带领人们向哪里去，我希望国君你也能舍

去鲁国，放弃俗世，跟着大道相伴而行。」

他们自由放纵，行为任意，竟然能各符合大道；他们生时颇觉快乐，死时自然妥善地安息下葬，

一部《庄子》多少论述、多少对谈，多少寓言，多少故事，都在讲一个话题，即如何避祸远灾，如何避免死于非命，

如何才能终其天年。又是养生，又是达生，又是至乐，又是天道，说下大天来不过求一个苟活。天啊，那个世道也太

危险恶劣了，终其天年竟然成了人生的最高要求，生存权竟然成了最大难题。一会儿说是要无用，要不材，要安时顺变，

要与时俱化，而且无心稽留，最后竟然说到，你身上的毛皮太好，必然惹祸，只有扒皮拔毛，才能全生。为什么越看越

像是反话、气话、哀哭嚎叫之话？是庄子哲学与文章之伟大吗？抑或是中土世道之曾经如

何险恶呢？

王蒙讲说《庄子》系列

六七七 六七八

老庄与孔孟有些主张虽然针锋相对，又有其统一性。二者都赞义贬利，建德轻欲。这里所说的建德之国，「德」

是朴是愚，批判的是私是欲，尤其是「知作而不知藏」，只知耕耘不知收获，放在小说、诗歌中大可爱矣，作为社会学、

经济学、发展学则匪夷所思。几千年前我们的祖宗就否定了私利，否定了欲望，否定了收藏与保存，否定了经营与智谋，

否定了机械化与「唯生产力论」。我们长久以来是古板而不无浪漫，建德就建了几千年，而成绩有限。我们常常是高

调门、低指标，物质上匮乏得不成样子了，就自命精神文明之巅⋯⋯搞到二十世纪末拉了啦，全国才悟出了发展是硬

道理，才肯定了市场经济，这也算是事出有因。

换一个角度呢，你会发现，把自己身上的那些最最珍贵有用，引以为骄傲，可以待价而沽，甚至是奇货可居，更

以令自我身价百倍的东西去掉、忘掉、抛掉，至少是适当隐藏起来、韬晦起来、淡化起来，自己会活得更舒心，更单纯，

更轻松，更自由，更逍遥。终其天年并不是全部目标，但是起码的前提，如果在大致正常的情势下，你老连个天年都

维持不住，而是过早地命丧黄泉，你还到哪里去讲说研习道德、天地、形而上下表演，秀骚（都是作秀之意，台湾将

show译为秀，香港则译为骚）去呢？

为什么自己的长处反而需要或可以做到「淡出」呢？原因在于老庄的道论、无论、无为之论、齐物之论。与至高

无上的大道相比较，与万物生于有，有生于无的法则相比较，与鲲、鹏、至人、真人、神人相比较，与浮游、逍遥、

天籁地籁、大方相比较，狐豹之皮、鲁君之国、个人之欲望声名与所长所傲，又算得了什么！

君曰：「彼其道远而险，又有江山，我无舟车，奈何？」市南子曰：「君无形倨，无留居，以为君车。」君曰：「彼

其道幽远而无人，吾谁与为邻？吾无粮，我无食，安得而至焉？」

怎么办呢？

鲁侯说：「通往那里的道路漫长而又艰险，路途当中还有江河山岭的阻隔，我没有适用的船和车，

市南宜僚说：「国君（建德之国）只要能放下架子，也不要贪恋停滞在中途什么地方，便可以解决你的舟车的困难，如何能够到得

鲁侯说：「通往那里的道路幽冥漫长，少有人烟，我连个伴都找不着呀！我没有粮草，我也没有食品，如何能够到得

了那里呢？

放下身段，再就是不要半途而废，便没有你到不了的地方。不仅是庄子，所有的中华古圣先贤，乃至一直到现当代的一些杰出人物，在各种问题上，在各种困难面前，都喜欢反求诸己，反求诸心，而且是反求诸『理』（这里的诸是『之于』之意）。他们认定，只要自己明白通透了各种大道理，只要头脑清晰、是非明辨，不搞私心、杂念、偏见，其他技术问题，工具问题就不会存在，就没有任何解决不了的问题。球打不好从思想上找原因，买卖经营不好也是认识问题所造成。这样的思路极可爱，却又不免天真。

三 空船论当真是千古绝唱

市南子曰：『少君之费，寡君之欲，虽无粮而乃足。君其涉于江而浮于海，望之而不见其崖，愈往而不知其所穷。送君者皆自崖而反，君自此远矣！故有人者累，见有于人者忧。故尧非有人，非见有于人也。吾愿去君之累，除君之忧，而独与道游于大莫之国。方舟而济于河，有虚船来触舟，虽有偏心之人不怒。有一人在其上，则呼张歙之。一呼而不闻，再呼而不闻，于是三呼邪，则必以恶声随之。向也不怒而今也怒，向也虚而今也实。人能虚己以游世，其孰能害之！』

市南宜僚说：『请减少你的花费，减削你的欲望，即使没有多少粮食辎重，也仍然是够用的。你走过江河，游过大海，一眼望去看不到岸边，越向前行也就越不知道到哪里才是头。送行的人陆陆续续从河岸边回去，你也就从此离他们越来越远了！所以说，拥有对他人的主宰权的人必定受拖累，负担沉重，被他人拥有与主宰、指挥的人必定会焦虑发愁。

而唐尧呢，既不拥有他人，也不被他人拥有。我所讲的，就是希图能减少你的负担，除掉你的忧愁，使你能够独立地、单独地，不受拘束与影响地跟大道一块儿做伴。遨游于太虚大漠之境地。如并合两条船渡河，有条空船向你们的方舟冲撞过来，这时，即使是脾气偏激火暴的人也不会动怒。而倘若是有一个人站在那条无礼撞过来的船上，人人都会怒叫来船躲开；呼喊一次没有回应，呼喊第二次也没有回应，于是喊第三次，那就必定会恶声恶气，火冒三丈。请想想看，为什么头里不发脾气而后来上起火来？那是因为头里船是空的，后来却有人在船上，船成了实的了。一个人倘能保持虚无状态，无心而自由自在地遨游于世，谁还能够怪罪他伤害他呢！』

这是讲无有、无为、无被有、无欲、无累、无忧的妙处，《共产党宣言》也讲，无产者在革命中『失去的是锁链，得到的是全世界』。《庄子》当然与『宣言』是两回事，但《庄子》的说法竟然可以套上这两句名言，着实可喜。

这里还涉及了统治、主奴、自主与非自主等对于当时的人来说是相当超前的问题。有人者累，见有于人者忧，人与人的不平等，人对人的拥有与支配，是累赘与忧虑的根源，是人类社会诸多麻烦的集中表现。

这从学理上说是相当明确的，而实际情况要复杂得多。没有人类社会的组织与权力，指挥与支配，就没有人间经济的文化的一切成就。而有了组织与权力运作，有了指挥、支配与实际的拥有，又给人们找了多少麻烦啊！

这里的累应该主要是拖累、累赘、挂牵、负担的意思，不像现在的北方口语，将累作疲劳解。要摆脱有与被有的累与忧，最好一个人离群索居，越过千山万河，到别人去不了的地方去。当然这也可以是象征，关键是心里与人众与社会、与权力保持距离。多远的距离呢，进入无穷大、无边际的大莫（漠）之国，望也望不到边涯，使送行的人无

王蒙讲说《庄子》系列

六八一

六八二

法再送下去，使原来的亲友、社会关系们再也看不见你，使他们纷纷退走逍遥，真正地无咎、无累、无忧、君自此远

矣』。有的学者从这样的字里行间读出了悲凉酸楚，但庄子的意思是这样才能真正地逍遥，另一面则是离不开的无法摆脱的悲凉。

逍遥超拔其实离不开悲凉，正像高雅与骄傲离不开失意感、失败感，地位离不开忧心忡忡，事业离不开心劳日拙，自由离不开孤独，彻底离不开死亡，而权力

离不开死掐，责任离不开拖累，才华离不开与俗鲜谐，为俗误解……

上世纪五十年代，人们谈论巴尔扎克、托尔斯泰的时候喜欢讲一个短语，叫做『现实主义的创作方法突破了（反动）

世界观的局限』，属于保皇党的巴尔扎克与属于东正教的托尔斯泰，在自己的作品中做出了对于旧世界的彻底的批判，

使这种批判为恩格斯与列宁所欢迎接受。那么庄周呢？他讲的是脱离君国权力才能逍遥游世，他提倡的是刳形去皮，

洒心去欲，是与大道共游，与无穷共处。但是具体描写上呢，『涉于江而浮于海，望之而不见其崖，愈往而不知其所穷』

送君者皆自崖而反，君自此远矣』！读来好不凄凉！文学家的庄周与哲学家的庄周可能并不一致，文学能够视尘垢、

恋不舍，文学的庄周其实与哲学的庄周是截然对立的。所有哲学的大而化之，到了文学的字里行间，无不带有无限

无争、无私，那么一定要无文学，文学使人多情、多思、多挂念、多抱怨、多哭天抹泪、多恋

凡俗、人世、人情世故、冷暖炎凉、喜怒哀乐、寿夭通塞、悲欢离合、爱爱仇仇为无物吗？如果无为、无欲、无忧、

的依恋与悲哀。不论是乘瓠漂浮、树下酣睡、槁木死灰、鼓盆而歌，还是君自此远矣……无不有几分无奈与大悲恸。

怪不得凡致力于推行某种极端的哲学、意识形态与权力极端化的人，无不视作家为危险分子为敌手！你想搞三种势

力多种势力吗？你想搞恐怖、分裂、极端、狭隘、狂热……吗？首先翦除你周围充满天生情性与凡俗喜怒哀乐的文

学与作家吧！

《庄子》的特色之一是生活化，力图用生活中常见的事例说明一些无人想到的有深度的道理。船的故事何等

好玩，以此说明无心最好，无计最妙，无谋最真，无为最安全。船上有人，人对于船的行驶是要负责任的，空船

胡乱冲撞，则无人问责，只能是由水流、风向、风力或其他漂浮物体的冲撞负责。所以人要减掉一切责任负担，

只有与无生命、无意识、无头脑的物体保持一致，只能物化，以物化追求无物的目的。这样说着说着，又似乎确

有解决。即使是痛快了不少，逍遥了不少，似乎果真端正了你的心态。绝啦。

四　募捐的关键是真正做到自愿，这个提法很先进也很普适

这里鲁君提出的无舟车、无伙伴、无粮无食、道路幽远，本来都是很务实很形而下的问题，所谓的庄子则是一贯

地以虚对实，以高耸对平凡，以哲理对事功，讲得你目瞪口呆，五体投地，如醍醐灌顶，其实啥也没

北宫奢为卫灵公赋敛以为钟，为坛乎郭门之外，三月而成上下之县。王子庆忌见而问焉，曰：『子何术之设？』

奢曰：『一之间无敢设也。奢闻之：〈既雕既琢，复归于朴。〉侗乎其无识，傥乎其怠疑。萃乎芒乎，其送往而迎来，

来者勿禁，往者勿止。从其强梁，随其曲傅，因其自穷。故朝夕赋敛而毫毛不挫，而况有大涂者乎！』

北宫奢为卫灵公募捐铸造编钟，先在通往郊区的城门下设下祭坛，仅三个月就造好了钟，悬挂在上下两层钟架上。

王蒙讲说《庄子》系列

六八三

六八四

王子庆忌见到这种情况，便向他问道：「你用了怎样巧妙的手段，这样迅速顺利地完成了任务呀？」

北宫奢说：「我做钟的态度诚恳专一，实实在在，绝对不敢从中设计操作出什么花招花式。我听人们说过：

「做事既要精雕细刻，多多琢磨，下大功夫，又要返朴归真，求本色，求一贯。」我绝对不把这件事

复杂化、扩大化、上纲化、夸张化。我宁可大大咧咧，空空荡荡，从无疑虑，不乱计较，不折腾。财货募集

起来了，而自己却茫茫然并无所谓，任人们与财货有来有去。送多了的不去阻止；过而不入，对我们的募捐之

事不予理睬的，也不去找人家的麻烦，随他去，态度和蔼谦卑的，咱们也就同样谦和地对待他。

人们是各尽其力，各行其是，我是天天募集财货，但没有人觉得受损失，一般人都没有什么不快不舒服，何况

是路子宽广的大人物呢！」

募捐征敛，弄不好这是挨骂的事儿。庄子从中说明与发挥无的妙用命题。「无所设」，就是说诚恳专一，拿它当

一件重要美好的事情来办，才能带动民人的积极性。同时不要搞自作聪明的设计，不要把政事复杂化、智谋化，不要

一点自愿、自由，来者不拒，去者不追，这在当时也算很先进很合理的思想。不像我们现时，有时自由认捐也会变成「大

老想着要老百姓，不要动辄想着让百姓上道、上套、入局。

而且，既然是募捐，是征集，不是强迫，不是法令义务，也就不需要过分强调、宣扬、诈唬、闹腾，需要多

多数」的压力专政，变成网民的人肉搜索，变成集体审判、道德法庭、批倒批臭、道义死刑。先秦诸子，在理论的严

整与系统性上，在逻辑与数据的周详性上，可能不如欧洲的古代哲学家，但是，不论何家何派，他们都力求做到合情

合理，并不雷人吓人。倒是后世，诸如「饿死事小，失节事大」「文死谏，武死战」「论万世不论一生」之类的虽然

有其可取，仍不免失之夸张片面的提倡与高调渐渐多了起来。

中国文化注重态度，却不讲究技术。如果是欧美人，他会十分注意募捐的技术问题：名义、理由、账目管理、答

谢方式、荣誉鼓励、收据款式、财务监督等。而我们注意的是态度，是精神境界，是给人的感受，是与修齐治平的大

道的连结。至今我们对待法律纪律问题、竞赛竞争成败问题的评估，仍然是十分重视客体的态度表现。这里一个北宫

奢先生的募捐铸钟的故事，变成了无为而无不为的故事，这种一通百通的思路，也正是源远流长。

另外在欧美，有关法制强调的是募捐主持者不得具有任何权力背景，才能使募捐不变味。这一点，竟可以与庄周

的此段落得到互文互证之效应。一笑也。

五　不要自我膨胀，不要塑造自己，不要自讨苦吃

孔子围于陈蔡之间，七日不火食。大公任往吊之，曰：「子几死乎？」曰：「然。」「子恶死乎？」曰：「然。」

任曰：「予尝言不死之道。东海有鸟焉，其名曰意怠。其为鸟也，翂翂翐翐，而似无能；引援而飞，迫胁而栖；进不

敢为前，退不敢为后，食不敢先尝，必取其绪。是故其行列不斥，而外人卒不得害，是以免于患。直木先伐，甘井先竭。

子其意者饰知以惊愚，修身以明污，昭昭乎如揭日月而行，故不免也。昔吾闻之大成之人曰：『自伐者无功，功成者堕，

名成者亏。』孰能去功与名而还与众人！道流而不明居，得行而不名处，纯纯常常，乃比于狂；削迹捐势，不为功名。

是故无责于人，人亦无责焉。至人不闻，子何喜哉！」

孔子曰：「善哉！」辞其交游，去其弟子，逃于大泽，衣裘褐，食杼栗，入兽不乱群，入鸟不乱行。鸟兽不恶，而况人乎！

孔子被人包围在陈国、蔡国之间，七天七夜没有生火煮饭，没吃上正经饮食。太公任前去慰问他，说：「你快要饿死了吧？」孔子说：「是啊。」「你不会愿意死吧？」孔子回答：「那还用说吗？」太公任说：

「我曾经谈论过保命不死的道理与方法。东海里生活着一种鸟，它的名字叫意怠（意怠，应是起意懒惰，即不常动什么念头，经常处于不起动、未起动、不想起动的状态之意）。意怠这种鸟啊，飞得慢，好像连飞行的本事都没有似的，有别的鸟带领，它们才起飞，有别的鸟停下来，拥挤在一块儿了，它们才歇息；前进时不抢前，后退时不落后，吃食时绝对不先动嘴，常常是吃别的鸟吃剩下的。所以它们在鸟群中从不与其他鸟发生矛盾，人们也终究不会去伤害它们，也就能够免祸消灾。树木长得太直，就容易被看中而早早地砍伐掉；井水过于甘甜，人们也易于先被喝干，见底。你现在的情况是有意识有追求地表现自己的才智，偏偏要到俗人中去振聋发聩，你标榜清高，显露羽毛，作精英旗帜等状，以彰显别人的浊秽，你压人一头，大模大样地炫耀着自己，就像是举起了太阳和月亮作旗帜……如此这般，你怎么可能免除灾祸呢？从前我听伟大的老子说过：『自我膨胀的人不会成就多大的功业，功业成就了也就是走下坡路的开始，名声大噪了也就会被评头论足，说三道四。』谁能够做得到抛弃功名而还原到普通人当中呢？大道可以明明朗朗，畅通无阻，而个人则最好销声匿迹。这样的人不闹腾自身的形象，也无意

王蒙讲说《庄子》系列

六八五

六八六

于染指权势，不把功名放在心上。这样也就无求于人，不可能去责备旁人，旁人也不会责备他。这样的人才是至人、则应该隐忍无名，纯朴纯正，平常平凡，跟没心没肺，疯疯傻傻的人一样。这样的人才是境界最高的人。至人不喜欢世俗的那一套，你还去费个什么劲呢？（或者是说，连这样的至高至纯之人的事迹都没有听说过，你还有什么可以沾沾自喜的呢？」

孔子说：「你讲得太好啦！」于是与朋友故交们告辞，悄悄来到旷野湿地，穿兽皮麻布做成的粗衣陋服，吃板栗、橡子等野生果实，进入兽群而兽不受惊扰，进入鸟群而鸟不惊飞。鸟兽都不见外于他，都不与他对立，何况人！

说来说去，大同小异，又是一个退则活、退则安，进则亡、进则与众人为敌的事例，更是一个切切不可作精英状的教训。

庄周提倡的是不战而退，并且认为只有不战而退才是以退为进，退是进入了逍遥、至人、无咎、遨游、天年的大境界、大胜利。这到底是怎么回事？是我们的李耳、庄周的理论太消极？即使精英，高举日月照亮众生自居，有那么危险吗？是不是我们的诸侯威权者们太不容精英啦？有几个书读多了化不开积在心里成了「痞」成了「病」的胡言乱语者，这又有什么危险？为什么不把他们逼得远遁山林大泽，与鸟兽为伍？抑或当真是中土的精英们自古就坐下了病，怪胎里长满了恶性肿瘤的基因，非把他们消灭干净才能天下太平？再不就是庄周的思想太超前了，他两千余年前已经预见到知识爆炸、科技疯狂、思想演进、言论自由的危险，干脆主张回到森林里做穴居野人去？

目前西方盛行科学幻想小说，《庄子》的某些章节即富于哲学幻想的意味，尤其是「逃于大泽，衣裘褐，食杼栗，

人兽不乱群，人鸟不乱行。鸟兽不恶」的说法，不乏『阿凡达』的味道。说是鸟兽都不讨厌他，而况人乎？却不见得，

鸟兽天然地符合大道，只知自然，而人乎人乎，人要折腾起来没个完，你不伤人不惹人讨厌，但是人要管你的事当你的家、

你是听人的，还是永远听鸟兽的呢？再往较真里说，真做个鸟兽，果真只有快乐吗？生物中、鸟兽中就没有强权、

暴力、受惊、歇斯底里、内讧、外讧……以及生理机能、智能方面的差异与差异引发的强梁与压迫吗？子非兽，安知

兽之苦？子非燕雀，安知鹰隼之凶恶残忍？其实赫胥黎在《天演论》中早就论述过，任凭生物的物竞天择、适者生存、

优胜劣汰、弱肉强食法则主宰一切，情况不一定妙。

命相连，相反，他们讲的是大道大德才高于一切。高则高矣，准是那么管用吗？他们的大道大德，或偏于抽象概括，

他们从不把权力的运作，人员的拉拢与削弱打击之术，即权术，当作正经的话题来讨论研究，他们从来不讲权权权，

是说得出、道得明、亮得闪闪发光的，然而，所有的大道理、大原则都有一个缺陷，就是有些比较低俗平庸的东西进

入不到大道理、大德中去，进不了大道大德，却又实际存在，那么你的大道理、大原则就变成了只

知其一不知其二，变成了台盘上的美食，变成了燕窝鲍翅、澳大利亚龙虾、红石斑与牛仔骨的盛宴，却与百姓的糊口

需要无涉。

例如，孔孟也好，老庄也好，都不把百姓的物质利益放在眼里，他们都倾向于认为欲望越多、智谋越多，麻烦就越大。

这不能说没有道理，但是未尝不是一相情愿。大道理、大原则是非常重要的，儒家讲的仁义道德，以德治国，讲仁政，

用这套理论匡正儒家倒是有理，儒家太入世，太热心，太热衷于为帝王、诸侯、臣下，将相一直到草民定下规范礼行。

王蒙讲说《庄子》系列

六八七 六八八

玄而又玄，或偏于圣贤高大，完美无瑕，却不是特别正视人民的利益，不包含市场的调节与配置作用，不包含人的正

当欲望的满足，又不包含对于权力的关心注重。这样下去，大道大德华美靓丽，人民生活艰难困窘，掌权者另有心思、

裤裆里放屁，几岔里走，岂不容易走上满口仁义道德，一肚子男盗女娼的邪路？

说来可叹，真正的执政者并不百分之百地接受儒家学说，执政者的所谓内圣外王，接受的是法家里多少讲一点的

例如《红楼梦》中所暴露的，那样一个贵族大家，除了一无所用的贾政，谁把孔孟之道、大道之道放在心上？而士人的以出世之

御民弄权之术，而门面上宣扬的多是仁义道德的孔孟之道。老百姓的一部分是真正接受了孔孟之道，大部分是虚与委蛇、

心行入世之事，则是进则儒，退则道，无非求一个可进可退。有趣啊，经过数千年仍然相当显赫的孔孟老庄，都关心

修齐治平，但更多的是为参政议政者所用，却并不当真为执政者所接受。

孔子问子桑雽曰：『吾再逐于鲁，伐树于宋，削迹于卫，穷于商周，围于陈蔡之间。吾犯此数患，亲交益疏，徒友益散，

何与？』

孔子对桑雽说：『我在鲁国一再被驱赶逃亡，在宋国大树下歇凉，受到了伐树的威胁与羞辱，在卫国被人当成阳虎，

我只好东躲西藏，在商、周之地无路可走，在陈国和蔡国间受到围堵。我碰到了这么多祸事，亲朋故友一天天疏远，

弟子友人一天天离散，这到底是怎么回事啊？』

不一定是信史，可能有一些夸张，但当年孔子的周游列国相当狼狈应是事实。

许多伟人生时多有碰壁，死后高大发扬，战无不胜。孔子是这样，关公也是这样，苏格拉底是这样，伽利略是这样，詹姆斯·乔伊斯是这样，李商隐、

曹雪芹也是这样，就是鲁迅，也有类似的过程。值得一想。

子桑雽曰：「子独不闻假人之亡与？林回弃千金之璧，负赤子而趋。或曰：『为其布与？赤子之布寡矣；为其累与？赤子之累多矣。弃千金之璧，负赤子而趋，何也？』林回曰：『彼以利合，此以天属也。』夫以利合者，迫穷祸患害相弃也；以天属者，迫穷祸患害相收也。且君子之交淡若水，小人之交甘若醴；君子淡以亲，小人甘以绝。彼无故以合者，则无故以离。」孔子曰：「敬闻命矣！」徐行翔佯而归，绝学捐书，弟子无挹于前，其爱益加进。

桑雽回答说：「你就没听说过假国人逃亡的故事吗？林回舍弃了价值千金的璧玉，背着婴儿逃难。有人评说道：『他是为了钱财吗？初生婴儿能值多少财帛？他是考虑如何避免拖累麻烦吗？初生婴儿的拖累麻烦要比玉璧多太多了。不管价值千金的璧玉，却背上婴儿逃跑，为了什么呢？』林回说：『价值千金的璧玉跟我本人是利益的结合，这个孩子跟我则是天性的结合与牵连。』」因利益而结合的，遇上困境、祸事、患难与危害就会相互抛弃，谁也顾不上谁。以天性相连的，遇上困境、祸事、患难与危害就会相互融合，谁也离不开谁。相互接受与相互抛弃的差别可就远了去了。

再说君子的交谊恬淡得像清水，小人的交情才甜蜜酿酒；君子淡泊却心连着心，小人甘甜的深处其实并无情义可讲，他们的关系最终只能是断绝丢弃。大凡无缘无故无义地结合在一块儿的，也会无缘无故无情义地分手。」

孔子说：「这回我算是恭恭敬敬地聆听了你的教诲啦！」于是从容潇洒地离去，闲散自在地走了回来，停止了办学，丢弃了书卷，不再要弟子前呼后拥，可是他们对老师的敬爱反而更进了一步。

王蒙讲说《庄子》系列

六八九
六九〇

比较起来，孔子并不大忽悠，他比较实在，比较尊重常识，比较注意合乎道理，适可而止。他承认并规范人们的尊卑长幼，主张仁者爱人，相信人性的善良，相信政权合乎道德运作的必要性与合理性。但他还是偏于理想化了，所谓天下唯有德者居之，他努力给权力与道德、文明画等号，结果如何呢？他的王道几成空谈，而霸道才是事实上的正统。

这又是叔本华的名言：哲学可爱者多不可信，可信者多不可爱。只是后世，统治者发现多讲孔子有利于「长治久安」，才把可爱的理念挂在嘴上，而实践上却不可能只用一套拳路。而可爱与可信的分离，也就更加不明事理了。

多了「可爱」方面，可信方面却更缺少了的主要原因。

对于自命精英的揭出日月而行的牛皮烘烘状，前文已经有所嘲笑鞭挞，这里干脆把这样的罪名加到孔子身上。怎么办呢？战胜孔子，说服孔子，让孔子幡然悔悟，撤退十万八千里，但不叫撤退，美其名曰『徐行翔佯而归』，披上了潇洒从容、其乐无穷的外衣，还说什么『其（对孔子之）爱益加进』。细想想，孔子那么辛苦那么执著，如果被叫停成功，说不定让弟子们，粉丝们长出一口气。但换一个角度，既然说孔子到处奔走推销仁义道德，到处碰壁是类丧家狗的经历，那么庄子此处为之设计的去向，就有点像从丧家狗干脆变成野狗了。

庄子，还有老子，常常主张非文化化、非社会化、非群居化、非知识化、非政府化（还谈不上无政府主义）。这当中有许多潜台词，令人嗟然长叹！

异日，桑雽又曰：『舜之将死，真泠禹曰：「汝戒之哉！形莫若缘，情莫若率。缘则不离，率则不劳。不离不劳，则不求文以待形，不求文以待形，固不待物。」』

过了几天，桑雩又说："舜将死的时候，直言不讳地教训夏禹说："你要注意啊！身形举止以跟随、顺应、随缘

为最好，情感动荡与表露以直率、随性、真挚为最佳。跟随、顺应、随缘就不会背离大道，众人与自身——即不会异化，

直率、随性、真挚就不会心劳日拙，不必把精力用在伪饰作秀上。不离开天性又不劳神吃力，那么也就不需要用礼仪

形式来点缀铺染，来安排塑造自身的外表仪态，自然也就不会有期待于、有求于外物。""

这也需要道，那也讲道，玄也是道，不能说也是道，说一万年还是讲道，其实道最简单，真实朴素，

原来什么样就是什么样，不悖不使劲不摆花架子，不劳不人为地折腾辛苦自己，随缘而行，随性而为，道也！

是桑某人，也是《庄子》，那叫手到擒来、俯拾即是、左右逢源、八面来风，如天女散花，如水银泻地。

彼等左也是理，右也是理，左也文章，右也文章，左有寓言，右有神话，左有牡丹，右有兰菊，前有事实，后有比喻。

要生活就是生活，要玄思就是玄思，怎么说怎么有理。我谓读庄如在蒙华浴缸接受按摩沐浴，什么高谈阔论、高头讲章、

娓娓道来、鞭辟入里、妙喻奇想、敲的敲、捅的捅、挠的挠、按的按、冰的冰、烫的烫……把你的各个穴

位都刺激到了，让你是痛又痒、又喜又笑、又服又晕，又想反驳反击又明知不是对手！庄周啊庄周啊，你究竟是何

方神圣、何方雄强、何方智慧、何方的创巨痛深，欲哭无泪！

庄子衣大布而补之，正廛系履而过魏王。魏王曰："何先生之惫邪？"庄子曰："贫也，非惫也。士有道德不能行，

惫也；衣弊履穿，贫也，非惫也，此所谓非遭时也。王独不见夫腾猿乎？其得楠梓豫章也，揽蔓其枝而王长其间，虽羿、

逢蒙不能眄睨也。及其得柘棘枳枸之间也，危行侧视，振动悼栗，此筋骨非有加急而不柔也，处势不便，未足以逞其

能也。今处昏上乱相之间而欲无惫，奚可得邪？此比干之见剖心，征也夫！

王蒙讲说
《庄子》
系列

六九一
六九二

庄子穿着打了补丁的粗布衣服，同时用麻绳系好鞋子，去拜见魏王。魏王说："先生为什么这样疲惫不堪呀？"

庄子说："我这是贫穷，倒还不是疲惫。士人自以为是悟道怀德而不能够践行推广（像孔子那样），沮丧失意，才会

疲惫不堪，衣服坏了，鞋子破了，这只不过是贫穷，并不是疲惫。这种处境可以说是生不逢时，赶错了点儿啦。君王

您就没有见过那善于跳跃的猿猴吗？它们生活在楠、梓、豫章等大树林子里，抓住小树枝就像抓住了藤蔓，想怎么跳

跃就怎么跳跃，想怎么奔跑就怎么奔跑。在那样的树林中，它们才是王者啊，即使是神射手羿和逢蒙也不敢小看它们，

奈何不了它们。如果是生活在拓、棘、枳、枸等刺蓬灌木中呢，它们小心翼翼地行走，不时地东张西望，内心惊惧哆嗦；

这并不是它们筋骨抽搐、发死发紧的表现，而是所处的条件太差，太不方便，无法施展它们的跳跃才能。如今处于上

下一起昏乱的时代，要想不疲不惫、振作精神，怎么可能呢？正是在此种情况下，比干这样的忠臣才会被纣王挖心杀戮，

这不已经证明了现在是昏乱世道了吗？

这一段文字有一些自相矛盾及与前文矛盾之处。一个是一上来庄子只承认贫穷，不承认疲惫，但结尾处讲天下无

道昏乱，欲无惫也不可得，想不疲惫那是根本不可能的，就是说，结论是疲惫必然，疲惫有理。既然疲惫如此有理，

为啥庄子一上来只承认贫穷否认疲惫呢？到底是庄子疲惫了还是没有疲惫呢？到底此段的立意是疲惫而贫穷还是贫而

不疲论呢？

其次与前文矛盾。《庄子》前文（如《胠箧》），对于比干并不认同，按照庄子的理念，全生、天年才是至高无

上的信条，像比干那样尽忠致死，不是正面的榜样，不宜提倡。怎么到了这里拿着比干说事，拿着比干作债主苦主来抨击声声讨世道呢？

老王认为，这里有三种解释的可能：

第一，庄子终于流露了他的对于世道的大不满，他批孔也罢，批伯夷、叔齐也罢，批比干也罢，都含有惹不起锅便惹箬簀的背景。他不敢惹春秋五霸、战国七雄，他不敢惹纣王与伐纣的周武王，便去修理招惹开罪了商纣的比干，与高举抵制、不合作旗帜的前朝人员伯夷、叔齐。但是写到这里，偶尔露峥嵘，庄子显了原形，他终于骂上昏乱之世，干脆将矛头指向君王了。

第二，他这里讲说，批评的仍然不是世道，也不是他自身，而仍然是在批评孔丘、比干之流。对于他们来说，现在的世道就与把猴子扔到了荆棘丛中一样，空有树枝，并无猴儿们跳跃腾越的空间，如同没有为孔子、比干治国平天下、为万世师留下空间余地。至于能作逍遥游的庄子，无待于物的庄子们，真人们，至人们，他们患贫而不患疲惫，他们永远伟大逍遥，如鲲如鹏……

第三，庄子时期人们的逻辑观念并不发达，有些文字到底经过了谁的润色增减、捉刀篡改，天知道。这里的解释就是无法解释。数千年前，论述与忽悠难以区分，前文后文的连贯与否说不清楚，作者、知识产权与文责谁负，谁知道？有点自相矛盾、前后矛盾，正是文章的真实性、古老性的表现。只要文气充沛、词藻丰赡，大义凛然就是好文章。如果那时的文章像当今的博士论文一样严整而无趣，注释与正文比赛篇幅，中国还能有先秦诸子时代的辉煌灿烂吗？

王蒙讲说《庄子》系列

六九三　六九四

孔子穷于陈蔡之间，七日不火食。左据槁木，右击槁枝，而歌焱氏之风，有其具而无其数，有其声而无宫角。木声与人声，犁然有当于人之心。

孔子被困在陈国、蔡国之间，整整七天无法生火做热菜热饭。他左靠枯树，右手以枯枝敲打着，就这样唱起了神农时代的民歌，有敲击的器具却没有音乐的节拍，有歌声上下却没有一定的曲调。但敲击声与歌声听得清清楚楚，它悠然自在地表达了人们的心境。

敲打着枯枝，有敲击而无节拍，有歌声而无曲调（音阶），即无调性，不入调，这个描写很生活，也还有点后现代，是二十世纪后期世界上才兴起的无调性——闹不清是C大调还是G小调——音乐吗？这样的音乐与歌唱能够更好地表达一个人的心境，或能够更好地令听者找到感觉，这个说法就更后现代了。

《庄子》中常常辩驳孔子，但孔子的形象基本上没有受到损害，这一段对于孔子的描写令人感佩，不但可敬，尤其可亲，而且放射着天才的光辉。这个分寸，这个火候，拿捏得好精彩，好厉害！

颜回端端目而窥之。仲尼恐其广已而造大也，爱己而造哀也，曰：『回，无受天损易，无受人益难。无始而非卒也，人与天一也。夫今之歌者其谁乎！』

颜回端端正正地在一旁待立，不时转睛去察看情势。孔子担心他由于把自己的理念看得过于崇高伟大而膨胀无度，也担心他由于太过爱恋自己，太过顾影自怜而增加了哀伤或惹来了不幸，便说：『颜回，不受自然的损害容易，不接受人为的助益与影响就比较困难了。世上的事开了头了也就不可能不是走向结束了。事物开端了，也就等于是结束程

六八四

六八三

序启动了。人与天原本就是一回事。那么现在唱歌的人又能算是谁呢？

这段话深刻却又跳跃，含义混沌不清。「恐其广己而造大也，爱己而造哀也」，一个人，尤其是知识分

子呀精英呀士呀什么的，很容易把自己的理念看得过高过伟，弄得一口浊气堵在那里，白白要了自己的命。也很容易

自恋自怜，闹得酸酸楚楚、悲观颓废，怨天尤人不已。这里的己是指孔子还是指颜回自己，说法不一，老王则认为干

脆全指，立意上能指到的全算，岂不更有意味？

下面的话，前贤多解释为不受自然的伤害容易，不受人间的好处困难，与下文比对，这样解释是正确的，与本段比对，

则「益」应该还有增加、扩大的意思。孔子担心的是颜回等人包括他自己过度膨胀与自恋，而不受天的损害是容易的，

说明他担心的不是这个天损，不是时运不济受困，他担心的是人益，是不受人益太难。这里的人益如果仅仅是得到人

间的好处之意，就讲不通了，与困于陈蔡的背景也靠不上了，因此老王觉得还是加上增益、影响、夸张等含义为好。

也就是说，从天命、时运的观点看，陈蔡之困没有啥己不起，有开始就有结束，怕的是人间的情绪、舆论、俗见的助

长加温与人间的各种好处、荣华富贵之属，先是自吹自恋，后是贪得无厌，再又碰壁吃瘪，悲观失望……叫做私心涌起、

反应过度、解读过度、煽情过度、表达过度……岂不徒增烦恼？

至于讲世上万事万物，有了开始也就是有了结束，进入了结束的过程、程序，第一，这是深刻的哲学命题，是少

有发现与研讨的真理。第二，这对于处逆境者说，是很好的自我安慰。有了开始，还怕没有结束吗？有了结束，还怕

王蒙讲说《庄子》系列

六九五

六九六

没有开始吗？严冬逝去的过程的开始，长篇小说的开端也就是通向结尾的开始，任期的开始也就是

通向期满退下、期满离职、期中被赶下的过程的开始。雷电交加、天翻地覆的开端，也就是至少常常是草草结束、不

了了之的开始……这难道还有什么疑问吗？你找不到这样的例子吗？能这样说话想事的人，有哏儿了，您哪。

回曰：「敢问无受天损易。」仲尼曰：「饥渴寒暑，穷桎不行，天地之行也，运物之泄也，言与之偕逝之谓也。

为人臣者，不敢去之。执臣之道犹若是，而况乎所以待天乎？

颜回说：「请允许我冒昧地问一下，什么叫做不受天的损害容易呢？」孔子说：「饥饿呀、干渴呀、严寒呀、酷暑呀，

困境的限制使人寸步难行呀，这些都是天地运行，万物变化中间必然会有的动态，我们说的是人要随着天地万物的变

化流逝而变化流逝。做臣子的，不敢违拗国君的旨意。这是做臣子的道理，那么做天的臣民的人众呢？应该用什么样

的态度对待天呢？那还用说吗？应该顺应天意呀。」

类似的话已在《庄子》中读过多次，人与天的关系就好比臣与君的关系，只能顺从，不能抗拒埋怨。这样一想，

就好办一些，活得容易一些了。

颜回又问：「何谓无受人益难？」仲尼曰：「始用四达，爵禄并至而不穷。物之所利，乃非己也，吾命有在外者也。

贤人不为窃，吾若取之何哉？故曰：鸟莫知于鹢鹩，目之所不宜处，不给视，虽落其实，弃之而走。其畏人也而袭诸人间。

社稷存焉尔！」

颜回又问：「什么叫做不接受人为的助益反而比较困难呢？」孔子说：「开始被任命了一官半职，表面上看有点

万事亨通的感觉，办什么事都觉得顺，爵位和俸禄一起到来，再没有什么困难。这些外物的利益，本不属于自己，更

不等同于自己，不过是偶然的时运外加给我的罢了。请想一想，君子不会去做盗贼，贤人也不会去偷东西，什么意思呢？从

不属于自己的东西绝对不拿一丝一毫。我要是拿了不属于自身的东西，我成了什么了呢？不是成了盗贼小偷了吗？从

这个意义上说，没有比燕子更聪明的鸟，到了看着不适宜不合理的地方，绝对不用正眼多看它一眼，即使掉落了食物，

也舍弃不顾而飞走。燕子怕人，但还是到人呆的地方筑巢，只是将它们的巢窠暂寄于人的房舍罢了，并不是将人的房

舍看成自己的。」

两个比喻，一个是讲盗贼小偷，一个是讲燕子。功名利禄官职，本不等同于自己，更不等同于自己，犹自死不放手，

头脑发昏，蠢相迭起，丑态百出。这样的人其实与小偷盗贼一样，是在拿取占有本不属于自己的东西，这叫窃国窃民

窃公众之盗。而燕子呢，看着不一定合适于自身，口衔的食物落在地上，也不再去啄取。燕子明白

人造人居的房屋并不是自己的，它进房筑巢，只不过是暂借一时暂避一时，是个客情，是个叨扰，所以并不心存非分。

一切以不要惹人讨厌为主旨，决无占便宜没够，吃亏难受之心。与燕子比较，我们封建社会的贪官赃官，奸佞小人们，

不是活该身败名裂，决无好下场的吗？

庄子要告诉人们的是，在人间，在社会上，在官场、商场、各种人为的事务与机构团体中，没有什么东西铁定地

永远属于你本人，你只是寄居，你只是暂用，你只是一时赶对了点儿，叫做一时「命中有在外」，不过是一时中彩的身

外之得、身外之益。你要清醒呢，就要做好把一切人为的助益、扩张、特权、膨胀奉还转让，告老还乡、遁入深山的

准备。然后，你才能立于不败之地。

王蒙讲说《庄子》系列

六九七 六九八

讲到这里，对待困于陈蔡之类的晦气事儿，你会更心安理得。对待今后可能的「人益」，包括理念推行、名声影响、

地位称号、名次排行与荣华富贵，你要看得淡一些，再淡一些。值得一提的还有：从历史上看，到了，孔子一派并没

有活着飞黄腾达起来，倒是身后，他老被越捧越高了，这与其说是哲人的贡献，不如说更像是命运的吊诡。同样，老

庄也从未有过辉煌人世的战绩。那么，家燕主义的高贵的见解中，就包含着葡萄酸的无奈乎。

「何谓无始而非卒？」仲尼曰：「化其万物而不知其禅之者，焉知其所终？焉知其所始？正而待之而已耳。」

「何谓人与天一邪？」仲尼曰：「有人，天也；有天，亦天也。人之不能有天，性也。圣人晏然体逝而终矣！」

颜回继续问：「什么叫世上的事开了头了，也就不可能不是走向结束了，事物开端了，也就等于是结束程序启动

了？」孔子说：「事物是变化无穷的，你不可能知道一种事物或一种存在形态，将会被什么事物什么形态所替代，你

也不知道你与物在下一个时期会是什么样儿。那么，你又怎么可能知道它们的终极终结？不知道一个事物的终结，又

怎么能知道事物的开始？只不过谨守正道跟随事物的变化而已。」

颜回继续问：「什么叫做人与天本也是同一回事？」孔子说：「人类的出现，是天道运行的下载；天的出现，也

是大道自然而然运行的下载。人不可能拥有对于天的支配与占有，这是天道、天性、天然，即天生如此的。圣人对于

一切结局与逝去，只能是平安接受，自然而然地顺应变化！」

这里，从存在的开始即告终的开始这样一个辩证的命题上，几经转弯，发展到了世界本无所谓开始也无所谓终结，

这样一个关于无穷的论断上来了。就世界来说，就宇宙来说，就永恒与无穷来说，至少你很难划出开端与结束来，

开端与结束指的是具体的而不是全体的事物。就是一个具体的事物，你也并不可能真正弄清它的开始与终了。一个人的生卒年月日时本来是最清晰的，但是一个人的思想、事业、影响，还有他或她在母体受孕的时间，成为一枚受精卵的时间，成为受精卵前的精子与卵子的生成时间与再往前溯的情况与根苗，就不好讲了。他或她死后的事就更讲不清，先秦时期尤其讲不明。一个事物，谁讲得清它上一个时间段与下一个时间段的存在的形态与本质。到那时或在那时，是B还是C代替A？谁也没有绝对的把握。那么还说什么开始与结束呢？一个作品创造出来了，这是开始还是终结？

这话当然说得好，『无始而非卒』的伟大判断就有从两方面进行解读的可能，第一，没有什么东西，它的存在的开始不同时也是结束的开始。第二，世界上本来就既没有开始也没有结束，一切为了开始而庆贺或者为了结束而悲悼的常人反应，都是在冒傻气。

我还要说，其实第一种解释更深刻。正是这里的《庄子》所杜撰的孔子，先宣示了『无始而非卒』的深刻伟大的命题。读下来，似乎是谈到这上头来以后，所谓的孔子立即望风而逃，干脆回避了关于开始与结束的辩证关系的讨论。这样的文风学风，机敏则机敏矣，灵动则灵动矣，可惜不无油滑与诡辩。

六　螳螂捕蝉，黄雀在后

庄周游于雕陵之樊，睹一异鹊自南方来者。翼广七尺，目大运寸，感周之颡，而集于栗林。庄周曰：『此何鸟哉！翼殷不逝，目大不睹。』蹇裳躩步，执弹而留之。睹一蝉方得美荫而忘其身。螳螂执翳而搏之，见得而忘其形。异鹊从而利之，见利而忘其真。庄周怵然曰：『噫！物固相累，二类相召也。』捐弹而反走，虞人逐而谇之。

王蒙讲说《庄子》系列

六九九　七〇〇

庄子在雕陵栗树林里游玩，看见一只奇异的鹊鸟从南方飞来，翅膀大却飞不高也飞不远，翅膀有七尺宽，眼睛大却看不清——不然怎么会撞到我的额头呢？于是提起衣裳快步上前，拿好弹弓等待时机。这时又看到一只蝉，正在浓密美好的树阴里歇息，却忘掉了自身的安全。一只螳螂用树叶挡住自己，打算伺机扑上去捕捉此蝉，螳螂眼看得手，却忘掉了自己的身体和应有的行动准则。那只怪鹊紧随其后，认为对自己最最有利的时机到来了，它看到了对自身有利的一面，却忘记了自身的不善飞翔与眼神不济，忘记了保护自己。庄子见此情景而大受震动，他说：『啊，世上的各类事物，原本就是这样相互影响、相互牵累、相互危害的。同样由于利害关系的错综复杂，两种不同的物类之间也就互相吸引着注意。』庄子于是扔掉弹弓转身快步离去，看守栗园的人发现后，跟在他后面追着责问。

这就是脍炙人口的『螳螂捕蝉，黄雀在后』成语故事的本原、原文、原装正宗。万事万物，利害得失，顾此失彼，捉襟见肘，尔知其一，不知其二，尚有其三、其四、五、六、七、八……这样的事态情理，太多太多了。

有多少人在希图侥幸的时候堕入陷阱，有多少胜利的后面紧接着失败，有多少有多少人在设计别人的时候遭到设计，有多少机遇的背后是危险！有多少加害的后边是自取灭亡。这里的所谓庄生，看清了这一切，却没有想到由于他携带弹弓进入陵园而难逃怀疑与责备。一物降一物，一物害一物，一物笑一物，一物冤枉一物，击人者人必击之，伺机者人必伺之，

设局者人必设之。这个世界的安排里不无伟大与崇高，也不无自强与厚德，还不无惆怅与遗憾，更不无嘲弄与警示呢。

大道无形无体，而有味有姿，螳螂捕蝉的故事背后，令人有无限的遐想与感叹。与大道相比较，我们这些生灵，

怎么会这样浅见，这样可笑，这样危险呢？少一点害人害物之心吧，多一点质朴与善良，多一点平安与逍遥吧，心术

的平安，是生活平安的最重要的保证。

庄周反入，三日不庭。蔺且从而问之：「夫子何为顷间甚不庭乎？」庄周曰：「吾守形而忘身，观于浊水而迷于清渊。

且吾闻诸夫子曰：『入其俗，从其令。』今吾游于雕陵而忘吾身，异鹊感吾颡，游于栗林而忘真，栗林虞人以吾为戮，

吾所以不庭也。」

庄子返回家里，整整三天心情不快。弟子蔺且跟随一旁问说：「几天来，先生为什么一直不怎么高兴呢？」庄子说：

「我注意保持自己的举止外表，却忘记了自身的存在状态。我看到了流水的混浊污秽，而看不清清澈的渊潭的水文。

我失去了清明的头脑与眼睛。而且我本来从老师那里听说过：『每到一个地方，就要遵从那里的律令与习俗。』这次

我来到雕陵栗园，闹得怪鹊碰上我的额头，游历于果林时只注意看鹊、螳螂与蝉的怪圈，却迷失了

自身的真性，管园的人怀疑我，还责骂呵斥我，故而我觉得很不舒服。」

守形而忘身，应该是抓了芝麻，丢了西瓜，只顾了看栗树园，却忘记了自我的安全保护，只顾看人家的戏，却

忘记了自己已经变成被防范的对象。看得到混浊却看不清清明，这话极好，有多少人只看得到勾心斗角、蝇营狗苟、

见利忘义、龌龊黑暗、愚昧无知，却硬是看不到大道，看不到玄德，看不到希望，看不到恩泽雨露，三人行必有吾师。

王蒙讲说《庄子》系列

七〇一

七〇二

请问，完全看不到清明的一切，你的对于混浊的判断与批评又有什么意义呢？反正都是黑对黑、坏对坏、肮脏纠缠龌龊、

阴谋拥抱诡计！是的，仅仅看到了螳螂捕蝉、黄雀在后是不够的，甚至那只是浅薄之见、庸俗之见，只有你面对捕蝉

及其后的可笑与可叹事件，同时认识到这样的画面正是大道给你的启示，是大道给你上的一节课，是大道在促使你觉

悟明白，有所提高，有所悔悟，那才是看到了清渊的水文呀！

那么游于栗园而忘真呢，同样是由于危险加愚蠢的捕蝉画面搅乱了自己的目光与心灵，自己也陷入了同样的怪圈。

全面说起来，应该是螳螂捕蝉，黄雀在后，而庄周的弹弓，更在黄雀（实为怪鹊）之后，守园人的监视的眼光，又在

弹弓与庄周的后边。是不是事情到了守园人这里就完了呢？当然不是，谁知道栗树林的老板与当地的官员会怎么样

求与评价守园人呢？

至今有说法，人生有一个关系网，人总会有自己的对立面。还有所谓世界上最短的诗，题曰『生活』，全诗只有

一个字：『网』。关系网往往是指利益交换的互惠网。《庄子》上的这一段则讲的是危害网、阴谋吃掉别类存在的网。

对立面也不仅是个『面』，更是一张错综复杂的网。这个网既是网状的，又是多米诺骨牌式的与线性的，一拉扯一大串，

一推搡一个接一个地全线倒塌。例如如果是逆向行驶，蝉一回头看到螳螂，奋勇扑过去，或立即飞走，或惊吓晕厥，

螳螂一回头看到黄雀，噌一下子跳到两米以外，怪鹊一回头看到庄子的弹弓，这回就不是撞额头了，干脆立个门户，摆出一副踉拳

啄庄周的眼珠子，当然也可能是吓得拉出了稀屎；而庄周看到的是气势汹汹的守园人，干脆奋勇扑来去

道架势……然后高喊造反口号……这样的设想令人不寒而栗。故事要说是真精彩，极富可读性，然而几千年来，谁从

中受到教益，得到教训，改变了自身的恶意与愚蠢呢？一代一代的人啊，你们不觉得愧对庄生吗？

七 美者自美，吾不知其美也

阳子之宋，宿于逆旅。逆旅人有妾二人，其一人美，其一人恶。恶者贵而美者贱。阳子问其故，逆旅小子对曰：「其美者自美，吾不知其美也；其恶者自恶，吾不知其恶也。」弟子记之：「行贤而去自贤之行，安往而不爱哉！」

阳朱到了宋国，住进旅店。旅店主人有两个妾，其中一个美丽，一个丑陋。长得丑陋的那位女子受到宠爱，位置显得高些，而长得美丽的那位，位置反而低贱。阳朱问店主人是怎么回事，年轻的店主答：「那个长得美丽的妾老是自以为多漂亮，令人厌烦，结果我不觉得她漂亮，那个长得丑些的妾，自以为不行，我反而不觉得她不中看。」阳朱转身对弟子说：「弟子们听了！为人行事贤淑良善，但却不摆出一副品行楷模的架势，走到哪里能不受到敬重和爱戴呢！」

这个故事不无勉强，涉嫌极端。美人自娇自贵，虽然不无浅薄可笑乃至于可厌，仍然是美人呀。丑人谦虚谨慎，纯朴善良，也架不住丑得吓人，令异性敬而远之。至少在庄子时代的两性关系上，国人开始信奉丑人应该有自信、应该有活力与热情的偏于西方化的新道理，而不再一味自谦自卑。同时这段故事告诉我们，我们的民族文化传统强调满招损谦受益、谦虚使人进步、骄傲使人落后……整个东方文化相对喜欢含蓄，不喜张扬吹嘘。这个故事告诉了我们这个秘密。

而今日，我们追求的应该是自信自强与谦虚谨慎的平衡，是诚朴与智慧的结合，是无为与无不为的全面，是争先恐后与冷静观察的恰如其分。

老王说：迎面撞来一艘空船，不论它怎样横冲直撞，你不会责备它。这个故事令人舒服。这个「视频」相当开阔亮敞，应该拍一个超短片表现之。人不可能无人，但可以无心，无心其实是指无偏心，无祸心，无处心积虑，无城府打算。至今，「没心没肺」常常作为自嘲之语来使用，表面是自贬自谦，实际上常常用来表白自身的诚实与绝无歹意。然后，万事万物就简单化、随意化、自然化、泛漫化了。有无相通，始终相连，家燕筑巢，螳螂捕蝉，无产无心，多么好玩！

田子方：牛啊，庄生

「欲穷千里目，更上一层楼」，这不但是王之涣的两句名诗，也是我古老中华的一种根深蒂固的文化，一种逻辑，一种思想方法，更是一种文章作法。庄子最善此法，先树一个高明的，再树一个更加高明十倍的。先描绘一个令人称奇的，再推倒重来，给你一个更惊心动魄的冲击。这样写出的文章，不但有人性，而且有神性，不但有「有」的恢宏丰赡，而且有「无」的空灵变异，吉祥止止。不但令你读得击节叹赏，而且令你读得疯疯魔魔……本章要与你讨论全德之君子、挥斥八极之至人、充满天地之真人了，洗耳恭听吧，亲爱的读者！

一 田子方两句话，温伯雪子一露面，就把魏文侯、孔丘等摆平了

田子方侍坐于魏文侯，数称谿工。文侯曰：「谿工，子之师邪？」子方曰：「非也，无择之里人也。称道数当，

故无择称之。」文侯曰：「然则夫子何故未尝称之？」子方曰：

曰：「然则子无师邪？」子方曰：「有。」曰：「子之师谁邪？」子方曰：「东郭顺子。」文侯

使人之意也消。」子方出，文侯傥然，终日不言。召前立臣而语之曰：「远矣，全德之君子！始吾以圣知之言、仁义之行为至矣。

吾闻子方之师，吾形解而不欲动，口钳而不欲言。吾所学者，直土埂耳！夫魏真为我累耳！」

田子方陪坐在魏文侯的旁边，称赞一位名叫谿工的人，说了好几次。文侯问：「谿工是您的老师吗？」子方说：「不

是，他是我的同乡。他讲解大道能够说到点儿上，精当准确，所以我称道他。」文侯问：「那么先生没有老师吗？」子方说：「有啊。」问：「先生的老师是哪一位呢？」子方说：「是住在城东的东郭顺子。」文侯说：「但是请问，

先生怎么倒从来没有称赞过他呢？」子方说：「他为人纯真，虽然具有常人的外表，但是他的心胸像天空一样地虚空旷达，缘随万物，保持真纯，精神高洁清明，能包容万物。他人的言行违背了正道，他端正自身的仪态、举止、风度、

容貌，让不合正道的外界自己觉悟，自行改变初衷，收回不适当的意图。我哪里够资格去言说他呀！

子方离去后，文侯若有所失，有些不安，整天不出声。他招呼在他面前站立的臣子，对他们说：「唉，我真是差得太远啦，哪里比得上那样德行圆满的君子呢！原来我以为听到圣人智慧的言论，树立起仁义行为的标尺，也就到了顶啦。谁知道我听到子方讲他老师的情况以后，真是感到五体投地呀，我的身体再也紧绷不住劲了，嘴巴也像是被紧

紧堵住，不愿意再说什么了。我过去所学的那一套，只不过是粗陋的没有生命的泥人土偶而已！魏国当真成了我的累赘啦！」

《庄子》里屡屡运用这样的笔法，先夸奖一个有形、有价值规范、有崇高理念与良好记录、有洋洋洒洒的学识与高论的『圣人』——如谿工先生，再树立一个飘飘渺渺、高耸云端、不言而教、不作而功、不劝而阻（对于坏人坏事）、无事而善、无为而无不为、不治而天下太平的半仙之体——如东郭顺子。不但要穷千里目，还要穷人间理、人间词、一切想象与言说；刷地一下子，拔上去了两个台阶，后一个的出现，把前一个高大形象踩得没了影。于是你无法不肃然凛然、五体投地。不仅是魏文侯，就是二十一世纪的人一听也服服帖帖，全没了脾气。这

样的半仙、至人、真人，只在那里一笑或一叹，多数情况下根本不需要表情，嘛事都自然齐啦。后者的

高明无比当然是前者所无法比拟的。

为什么这叫旱地拔葱呢？我幼时读的《武侠技击》小说描写有一种轻功，名曰『旱地拔葱』……一个人噌的一声原地跳起——现时的比赛中称为弹跳，然后右脚将左脚脚面一点，再往高里跳一家伙。这里的谿工就是左脚脚面，他只

供右脚一点，然后蹿人高空，进入了东郭顺子的自由王国。是的，谿工虽好，是必然王国的好，是『称道数当』的好，是『人貌而天虚，缘而葆真，清而容物』的好，

是往好上拼命靠拢紧跟的好，而东郭子的好，是自由王国的好，是『人貌而天虚，缘而葆真，清而容物』的好，你够得着吗？

人间世中，一切努力都有它的对立面、负面参照，都有它的挂一漏万、顾此失彼、公说公有理婆说婆有理、有的高明无比，有的向着灯有的向着火的向着火的问题。例如，任何对于仁义的提倡，都益发暴露了不仁不义的现状，强化了对于不仁不义的牢骚，

而且成为攻击对立面不仁不义的有力的匕首投枪，激化了仁义与不仁义之间的矛盾。任何对于圣贤的宣扬，都反衬出

非圣非贤的草民，直至大话连篇的人五人六们的素质的不如人意，反衬出的是圣贤难觅而昏庸辈出。任何对于智慧的

普及，都凸显出有待普及智慧的群氓的蠢笨与易于上当，更不要说智者互斗恶斗的惨状。任何对于先进的表彰，都会

引起是否真实、是否公平，是否人为内定的推敲与疑惑。任何拥戴、成功、人气旺盛、刁买人心的嫌

疑。任何直率天真，都有粗糙野蛮的迹象。任何敢作敢当、勇于承担、不怕斗争，都可能被认为是虚火上升、野心膨

胀。任何慎重全面、统筹兼顾、平衡和谐，都会被攻击为乡愿庸人、八面玲珑、变色小龙。我积七十余年的人生经验，

深知任何说出来的话，作出的判断、评论，都不可能严丝合缝、滴水不漏。凡是没有做出什么成绩的人，凡是受挫甚剧的人，都会以所谓有几分成就获得

的人为死敌，他们自然而然地变成了有所成、有所得、有所闻、有所贡献与有一定名声的人的天敌，同时他们必然被

认为是沽名钓誉、巧而伪、名利双收。

所谓的各色成功者所轻蔑侮辱……这样的可视、可触、可赞的成功、成就、贡献、名声，又怎么是大仙、半仙、真人、

至人们的对手！

孔子的仁义啊、忠恕啊、王道啊、德政啊，是把行政理想化、道德化、君子化、文化（文质彬彬）化，这样的化

是必要的，又是一相情愿地理念化的，同时也是不无空想化、常常会在急于争霸、急功近利的君王与待价而沽的士人

面前显得迂腐可笑，至少是碍手碍脚。所以，孔子的经历是奔走兜售而连连失败的经历，是丧家狗的经历。

老庄则是另一套理想主义，更高、更玄、更神奇、更彻底、更高妙无比。无为、无争、无待（即无条件）、无惊、

无咎、无言、无用、齐物、逍遥、养生、樗木死灰、纵浪大化、飞升，最后干脆把天下、把权力、把王国看作

王蒙讲说《庄子》系列

七〇七　七〇八

负担累赘。这样的理论由于过于高妙，难于操作，更多地倾向于出世，倾向于脱离尘垢（红尘），故而从一开头就明

明白白地说明，它不是供治国理政、富国强兵所用的，而是更带有为理论而理论，为高妙而高妙，为彻底而彻底，为

辩论而辩论，为文章而文章，为艺术而艺术，为逍遥而逍遥的伟大性、高耸性、玄妙性、抽象性，从而是无敌性因素。

它们端的是中华古代智慧的奇葩！也许是不结多少果的大丽花。

当然，为艺术而艺术是一种奢侈的精神享受，不是每一个人都有条件进行。温饱都有困难的人，玩不起这样的智

力游戏。但同时，庄子的这一套，也适合并不奢侈、全无条件奢侈，甚至穷途末路、走投无路、一筹莫展、近乎完蛋

的人享受欣赏。如果你已经无望、无路、无救，不管就里如何，经验教训如何，读读想想《庄子》，绝对不失为一种

精神寄托或者转移。或者，你是半绝望半期待，半槁木死灰半薪尽火传，半无用半有用的树与鹅，那么你可以儒道互

补，用藏在我，邦有道则智，邦无道则愚，则愚不可及，则酣睡终日，则亦马亦牛，

亦龙亦蛇，则鼓盆而歌，舒卷随心，把真气全部彻底干净地聚拢到脚踵即脚后跟上。悲乎喜乎，妙乎蠢乎？几千

年的道行啦，不服行吗？

当然，庄子的这一套也挨尽了詈骂，骂到绝顶。你可以认为我们国民性的许多恶劣方面，如精神胜利、自轻自贱、

不敢正视（即鲁迅所说的不『睁了眼看』）、滑头、好死不如赖活着，口是心非、诡计多端……与此不无关系。而这

一套詈骂，当然并不公平，当然包含了蠢人对于智者的仇视，头脑简单者对于思想家的仇视，一无所成者对于有所成

就者的仇视。

一个过分期待伟人的民族，由于他们的成员的依赖性、盲目性、屡弱性、非理性、易变性与缺乏自信与独立判断能力，

当然也会轻易地仇视、抹杀与毁坏伟人。从先秦至今，这样的例子无数。

温伯雪子适齐，舍于鲁。鲁人有请见之者，温伯雪子曰：「不可。吾闻中原之君子，吾

不欲见也。」至于齐，反舍于鲁，是人也又请见。温伯雪子曰：「往也蕲见我，今也又蕲见我，是必有以振我也。」

出而见客，入而叹。明日见客，又入而叹。其仆曰：「每见之客也，必入而叹，何邪？」曰：「吾固告子矣：中原之民，

明乎礼义而陋乎知人心。昔之见我者，进退一成规、一成矩，从容一若龙、一若虎。其谏我也似子，其道我也似父，

是以叹也。」

仲尼见之而不言。子路曰：「吾子欲见温伯雪子久矣。见之而不言，何邪？」仲尼曰：「若夫人者，目击而道存矣，

亦不可以容声矣！」

王蒙讲说《庄子》系列

七〇九
七一〇

您老一定回来慨叹，这是怎么回事呢？」回答说：「我告诉过你：中原这边的人明于知道礼义规矩，但是对于人心人

是出面去接待了客人，回来后叹息一番。第二天又去会见客人。他的仆人问道：「每次见到这位客人，

个人又来了，请求相见。温伯雪子说：「上次就请求见我，今天又请求见我，此人必定要讲什么话来警示我吧？」于

说到礼义规矩都挺明白，但是他们了解人心人性很差，我不想与他们打交道。」到了齐国，回程时又歇脚于鲁国，那

温伯雪子到齐国去，途中住宿在鲁国。鲁国有个人请求见他，温伯雪子说：「不要了。听说中原（鲁国）的君子，

性的了解相当地差。刚刚见我的这个人，进退举止有规有矩，表情状态如龙似虎。他对我好言规劝，客客气气像儿子给

父亲提意见一样地毕恭毕敬，他对我指手画脚地讲道理，又像父亲对儿子一样地高高在上，所以我才慨叹。」

孔子见到温伯雪子一句话也不说，子路问：「先生想见温伯雪子很久了，见了面却不说话，这是为什么呢？」孔

子说：「这样的人，眼光看到哪里就已经在哪里把大道树立起来了，哪里还需要再出什么音声话语呢？」

这一段故事有几分蹊跷。第一次求见而见了面的人是谁？从文章上看，应该就是孔子，

却没有明说。也许这反映了温伯雪子从未将孔子当个什么人物，也不认为他的名字足以挂齿。见了面后温伯雪子却又

连连叹息，说明此人仍有其不凡处，哪怕叹息的内涵是为之遗憾惋惜，也说明此人有过人处。

才值得为之惋惜，为什么他定错了位置，站错了队，走错了方向。说此人——仲尼深懂规矩，有龙的委蛇蜿蜒，有虎

的盘辟旋转，就是说礼貌、举止，进退都是一百一地够格儿。礼貌、举止全部优秀，无奈对于大道仍是不通，这不等

于说该人是在作秀，是已经变成优秀的戏子了吗？这其实是讽刺吧？像是这么回事。这里讲的龙呀虎呀与现今常说的

龙虎的英武霸气不沾边。然后讲「谏我」像子对父，「道我」像父对子，绝了，劝谕的态度像儿子，坚持自己的价值

观则像爹爹。以此来形容孔子，应该说有自己的见地，孔子一方面讲谦逊礼义、文质彬彬，一方面坚持自己的理念，

毫不让步。其实任何人都有像子像父的两面，或者加上像兄弟、像哥儿们、像讨债、像债主、像仇敌的种种可能。

这种又龙又虎、又子又父的风度，是一种居高临下者的最爱。这样的风度至今我们仍有面对的机会。例如，拥有

这种风度的人很像是一个善于表演，虽无真才实学，仍然相当专业的名教师、名教授、名学者，如果不说是恰像大老

板或老领导式的公众人物的话。一辈子为人师，并好为人师，一辈子给别人正名、树规范、继绝学、开太平的孔子，

当然是怎么讲怎么有理，怎么说怎么有派，要虎就虎，要龙就龙，要儿子一样忠顺就儿子一样忠顺，要爹爹一样权威

就爹爹一样权威。要不怎么说他的进退都合乎规矩，都合乎标准呢！此亦必然王国的大师标杆也。

此段文字于后边哗啦一响把孔子大名点出来，不无硬树生抬的矫情感，孔子一见温伯雪子的面连声都出不来了，

有那样严重吗？若是有那样的震动，孔子不早就改换门庭，投奔温氏了吗？

还有，如果孔子见了温伯雪子一声没出，何来的谏之若子，道之若父呢？何来的温伯雪子那些叹息呢？这不是前

后矛盾了吗？

二 颜渊从孔子那里学『忘』的哲学

颜渊问于仲尼曰：『夫子步亦步，夫子趋亦趋，夫子驰亦驰；夫子奔逸绝尘，而回瞠若乎后矣！』夫子曰：『回，

何谓邪？』曰：『夫子步亦步也，夫子言亦言也；夫子趋亦趋也，夫子辩亦辩也；夫子驰亦驰也，夫子言道，回亦言

道也；及奔逸绝尘而回瞠若乎后者，夫子不言而信，不比而周，无器而民滔乎前，而不知所以然而已矣。』

颜渊问孔子说：『先生迈步我也迈步，先生疾走我也疾走，先生奔跑我也快跑，先生奔驰如飞，快得连尘土都远

远落在后面，而我只能瞪大了眼睛在后面干看着了。』孔子说：『颜回，你说这些是什么意思？』颜回说：『先生迈

步我也迈步，是说先生怎样讲说我也就那样讲说；先生疾走我也疾走，是说先生怎样辩论分析我也同样地辩论分析；

先生快跑我也快跑，是说先生怎样讲解大道我也同样地讲解大道；及至先生好像奔驰如飞，而我瞪大了眼睛在后面干

看，是说先生没有言说而已经为人们所信服，不刻意接近谁而与人亲密，没有功名高位而人们聚集在您的跟前，我不

知道您是怎样做到这样，这一切是怎么发生的呀。』

王蒙讲说《庄子》系列

七一
七二

又一个成语『亦步亦趋』的出处出现了。弟子对老师，下属对上级，做到行为、运动上的亦步亦趋——紧跟照办、

响应附和——应该说不是太困难。跟着说，跟着辩，跟着讲解，即跟着『为』，都非难事。跟着不做什么，即跟着无为，

而且无为比有为能做出更伟大辉煌的成绩？这就知其然不知其所以然了。又一次旱地拔葱，颜渊紧跟了半天，硬是望

孔子之尘莫及。

没有多说什么却能被人众信服，这或许还不算最难，一有身教，二有以往的诚信记录，三有良好的形象：诚挚、朴素、

本色，不左顾右盼，不贼眉鼠眼，不挑肥拣瘦，还有嘴唇厚而目光发直……都会给人以好印象。跟着辩论分析，进入

论理的阶段，其实稍难一点，你这个门徒、学生，追随者起码要头脑清晰，懂点逻辑，明白事理，辨别是非，如果你

是个浑人粗人，如果你太迟钝太弱智，空自以为愚忠如犬，仍是做不好的。跟着讲道，更难了，仅靠亦步亦趋，能趋

到道的点子上来吗？不但考验忠诚与智慧，还考验悟性与想象力，考验抽象思维与进行形而上思维的能力。颜回其实

已经做得难能可贵了。

毕竟是颜回，才做到了跟随孔子讲道言道。底下的事，就不是趋不趋的问题了。『不言而信，不比而周』，不去

套近乎而能与人无间，令人满意，亲和友善。不比云云，非常重要。靠比、靠作秀来『周』来套瓷，难以持久。『无

器而民滔乎前』，不具备爵位、权力、名号、头衔，却能人气汹涌，威信崇高，吸引力、凝聚力空前，这是比任何靠

外力、靠背景、靠钻营、靠条件与运气、靠一时的头衔、官衔、职位、权力所达到的不知高凡几的成就！

这也是《庄子》的一个根本性命题：无待。从《逍遥游》开始，庄子就告诉读者，「列子御风而行，泠然善也」，但还是有差距有不足，因为他——列子，犹有所待也，庄子理想的是无待，是「恶乎待哉」，是「乘天地之正，而御六气之辩，以游无穷」，是至人无己、神人无功、圣人无名。就是说，不仅仅不需要待风，也不需要待己、待功、待名，不需要自己使劲、自己争取、自己追求。庄子为什么提出无待？就因为那个时代庄子看够了、看透了、看厌了、看偏了那种有待的可怜巴巴、荣辱皆惊、穷愁潦倒或张狂一时终于死于非命的可叹的读书人。

他要树立一个形象，一个榜样，理论上说这并非做不到，就是「不言而信，不比而周，无器而民滔乎前」。也许做到这一点对很多人来说是太难太理想化了，然而，取法乎上，仅得乎中，如果连这样的目标都没有，岂不是一生只能眼巴巴地等待赏赐、等待运气、等待机会而不可得了吗？

如果硬要抬杠，如果老王也像庄周一样地抬杠，就可以提出：所谓「不言而信，不比而周，无器而民滔乎前」，倒是不待言、不待比、不待器了，然而你仍然在待，你待的是民，是选票，是台缘（此词是指演员在舞台上的人缘），是粉丝，是时尚，是潮流，是亲民御民之道术。千万不要以为人气、台缘之类的玩意儿一定是理性科学靠得住的，更无需提这种一时的哄抬是不是有远见与英明洞察的啦！

王蒙讲说《庄子》系列

七一三
七一四

仲尼曰：「恶！可不察与！夫哀莫大于心死，而人死亦次之。日出东方而入于西极，万物莫不比方，有目有趾者，待是而后成功。是出则存，是入则亡。万物亦然，有待也而死，有待也而生。吾一受其成形，而不化以待尽。效物而动，日夜无隙，而不知其所终。薰然其成形，知命不能规乎其前。丘以是日徂。吾终身与汝交一臂而失之，可不哀与？女殆著乎吾所以著也。彼已尽矣，而女求之以为有，是求马于唐肆也。吾服女也甚忘，女服吾也甚忘。虽然，女奚患焉！虽忘乎故吾，吾有不忘者存。」

孔子说：「唉，你可不能不看明白呀！世上最可悲的事情没有超得过心死的，与心死相比，身死只能算第二位的不幸。太阳每天从东方升起而落入西天的地平线，犹如人的生息，动静、显隐，万物便都跟随着这样的出入、生息、动静、显隐的规律而运转。凡有眼有脚的，都是要等待生命的运作而后有所作为。日出就好比出生，日入则好比死亡。我们一旦秉受天道而具有了生命之形体，万物亦是这样，待造化之往来，按照日出而有生，日入而有死的规律运行。就不会脱离而要保持自己的形体穷尽天年（或其意应为：就一直变化着形体直到穷尽天年。原文「而不」应是「莫不」）。气自然而然地聚合成形，我们整天在一起，慢慢走向衰老。我们随着、模仿着外物而运动，昼夜不停，却不知道自身终了于何处。此后，你对于命理，命运哪怕是知道得很多，仍是规划不了未来。我们只是天天与变化俱往，却像交臂而过一样不能好好认识，无法互相帮助规划未来，或者改变万物与我们自身变化的规律，这是不是一种悲哀呢？你着眼于我的比较突出显著的方面，而这些突出显著的东西其实此前已经成为过去时的了，你却仍然起意去追求，并且希望自己也能拥有我身上的那些突出显著的优点，这就如同去购买马匹一样，那是买不到的。你身上的令我喜欢欣赏的东西，也转眼间逝去了。虽然如此，这又有什么可闹心的呢。虽然旧我随时逝去，并且渐渐被遗忘，毕竟我还有永远不会被忘记的东西存在在那里呀。」

王蒙讲说《庄子》系列

七一五
七一六

这段文字讲的是时间与存在的关系，不无跳跃与空白，需要我们见仁见智地予以补充与发挥。哀莫大于心死，

而身死次之，这是要人们理解，万物都处于消长、生息、存亡、成败、变化、取代、显隐或显幽的过程中，

无一例外，就如同日之东升与西落一样。一切运转运作，都只能本诸天然，顺从自然规律，而不能由自身规划，

要这不要那，挑肥拣瘦。不懂这一点，就是心死，就是死心眼、迟钝、麻木、糊涂、犯浑犯傻。一切的作为，

一切的追求离不开这样一个日夜无隙地变化着的规律。你颜回方才讲的孔丘我的那些过人之处，其实已经是过去

时了，无足挂齿。这个说法很像我们这个地方对于金牌运动员的教育：金牌只属于过去，而下一步的训练与新的

成绩才是要操心要注重的。孔子教育颜回要明白万物变动不羁的道理，要有超前的眼光，要有永恒的眼光。颜回

看到的孔子身上那些伟大的东西，什么公信力呀、亲民呀、人气旺呀都是转瞬即逝的浮面的玩意儿，是一时的效果，

而不是本质、本源、本体。那么本质是什么呢？文本里没有说，窃以为应该是讲大道，孔子本来更多的是讲仁义的，

那么这里讲的就是仁义，或者，这里虚构的孔子与颜回的谈话是为庄所用，就是讲大道也说得通。不要追求那些

表面的并非永存的东西，不要羡慕那些转瞬即逝的过眼烟云，不要为一时的成就而陶醉，这里头还是有些深层次

的值得思考的货色。

然后是『女奚患焉！虽忘乎故吾，吾有不忘者存』，你有什么不安的呢，逝去的、你可以忘掉的是过往的我，我

辞世，会成为古代记忆的一部分，并遭受误解，至少是批评与挑战，但孔子的言论与影响，连同他的天晓得的标准像

永存。对于『不忘者存』的解释可以各不相同，科学家留下的是发明创造、原理定则，文学家留下的是著作，作曲家

留下了乐谱，画家留下了绘画，政治家留下了业绩、成就、名声，企业家留下了企业与遗产，而老庄留下了《道德经》

与《庄子》，都是『不忘者存』，都是永久。奚患焉？你有什么想不开的呢？

这还使我想起个人的一个经历。一九八〇年我首次访美，一次公开讲演活动中，一位美国教授问道：『请问王先

生现在与当年写《组织部来了个年轻人》的时候相比，有哪些相同，有哪些不同？』这也是一个麻烦的吾与故吾的问题，

我简单然而并非应付地回答说：『相同之处在于，那时我是王蒙，现在我仍然是王蒙，不同之处在于，那时我二十二岁，

现在我四十六岁。』

作为文学经典，这一段写人生，颇有些豁达的伤心与高远的悲叹。哀莫大于心死，这也是成语，也是一纫。身死次之，

莫非您老认定身死心也不能死吗？这会不会更加悲哀呢？究竟是怎么样更令人感到悲凉呢？是吾丧我，是形如槁木、

心如死灰好些呢，还是身虽死而雄心犹存，还要谆谆嘱咐『家祭毋忘告乃翁』（陆游诗）好些呢？

失之交臂的话也很动情，万物运转，川流不息，什么能完全不失之交臂呢？童年、双亲、青春、爱情、事业、机遇、

学问、经历，你已经与多少多少失之交臂了啊。

『薰然其成形，知命不能规乎其前』，一个薰然，有多少无奈，又有多少礼赞！

『吾有不忘者存』，这是一个积极的态度，却仍然流露出了忘川的奔流不息，强大无比。人最宝贵的是生命，然

而人对自身的生命与生命的遭遇、机缘（命运）知之不多，常感无可奈何。而且一切莫不是彼已尽矣，求马唐肆，吾服女甚忘，女服吾也甚忘……一切的一切，莫不是一个忘字的下场。不过，至忧无忧，至忘无忘，既然什么都忘了，能不把忘字忘记吗？忘川呀忘川，既然你的力量使一切都被遗忘了，你这个忘川本身，你这个心死或未死，你这个失之交臂，你这个待尽却又不知所终，不也是大可以一忘了之吗？

依照庄子说，一忘了之，是大境界。

三 老子的终极关怀当然能摆平孔子

孔子见老聃，老聃新沐，方将被发而干，慹然似非人。孔子便而待之。少焉见，曰：『丘也眩与？其信然与？向者先生形体掘若槁木，似遗物离人而立于独也。』老聃曰：『吾游心于物之初。』孔子曰：『何谓邪？』曰：『心困焉而不能知，口辟焉而不能言。尝为汝议乎其状：至阴肃肃，至阳赫赫。肃肃出乎天，赫赫发乎地。两者交通成和而物生焉，或为之纪，而莫见其形。消息满虚，一晦一明，日改月化，日有所为，而莫见其功。生有所乎萌，死有所乎归，始终相反乎无端，而莫知乎其所穷。非是也，且孰为之宗！』孔子曰：『请问游是。』老聃曰：『夫得是，至美至乐也。得至美而游乎至乐，谓之至人。』孔子曰：『愿闻其方。』

孔子去见老聃，老聃刚洗完澡，披头散发等着晾干，蔫蔫地站在那里，不像一般的活人。孔子便稍稍等了一下。

过一会儿二人相见，孔子说：『是我眼花了吗？还是真的如此呢？刚才先生挺立不动，像枯树一般，您遗弃了万物，也脱离开众生人，特立独行，甚是奇异。』老聃说：『我的心思是运转在万物的初始状态上。』孔子说：『这该怎么理解呢？』老聃说：『说起万物的初始状态，心灵会感到困惑而抒发不了，嘴虽然张开了，却说不出话来。让我试着给你粗线条地议论一下它的大略：极致的阴冷之气肃肃杀杀，极致的阳刚之气赫赫扬扬。阴冷之气本是地气，却又能出之于天，阳刚之气本出于天，却又能行于地。两者相互交汇和合而生成万物，人们将这阴阳理解为万事万物的纲纪，却看不到它们的形体。消亡了再生发，盈满了又空虚，一暗一明，一明一暗，每天改变，每月转化，日日有所作为，但是你判断不清它有什么事功效果，你不知道这些变化呀、盈虚呀、晦明呀、赫赫肃肃呀究竟是在搞些什么，你无法用目的论来解说它们。生自然是有所萌发之源，死自然是有所归宿之处，生之源与归之处方向相反，都找不到头，找不到终端，不知其穷尽。如果事情不是这样的话，请问，什么是它们的终极、根源与归宿呢？』孔子说：『那么您说的心思运转在这些终极与初始上，又是个什么状态呢？』老聃说：『能使心思运转在这万物的初始状态上，那可是至美至乐的精神享受呀。获得了至美而游于至乐，那就叫做至人啦。』孔子说：『我想请教能够做到如此境界的方略。』

庄子其实非常重视人的外表形象，至人、神人光是外表也够令人惊佩、羡慕、崇拜的。老子的形象甚至还加上了『披肩发』的元素。形如槁木，是庄子的一贯鼓吹，形容站得直而且稳，挺拔持重，超凡脱俗，不动声色，不露痕迹。还有不为所动，即不轻易对外界做出反应。这很被中土大家所推崇。

为什么老聃能做到这样的形象奇绝呢？解释是他老在『游心于物之初』，他原来无时不在不搞什么终极关怀、终极眷顾。这未免矫情，洗完澡晾干头发，难道就不考虑与身体清洁有关的洗浴环境与必要设备，还有清洁与干燥、通风与气味以及沐浴后要不要进食饮水等俗事？你老只知道个物之初与物之终，你老只抓两头，不管中间？那还洗什么澡？

物之初岂需要洗澡洗头与披肩干发？物之初是未有天地之时、惚兮恍兮之时，混沌未开之时，物之终是已无天地之时，

是重新回到混沌与惚恍之时，人已不存，何洗浴为？

物之初是什么状态呢？阴气肃肃，阳气赫赫，万物生焉，相反乎无端，莫知乎所穷。总而言之是糊里糊涂，是恍

恍惚惚，是看不见、摸不着、说不清，心慌了却理不出头绪。原来，模糊也是一种美，一

种魅力，一种期待和进程，何况是终极、是无穷、无极、是超越一切与主导一切的呢。形而上的思考是会带来无穷的

快乐的，它让你拥有作为人类灵性拥有者的独特精神享受，它带来开阔、大气、沉稳与冷峻。当然会有很多人享受不了，

有什么办法呢？

这一段与其说是所谓的老子在讲大道，讲终极，不如说是老子在宣传对于终极的享受、受用、崇拜、激动、审美状态、

巅峰状态。老子要的不是道理，不是逻辑，不是论证，而是跪拜，是『得于美而游乎至乐』的满足感、充实感、极端感，

是痛哭流涕与手舞足蹈的结合，是如醉如痴与云中漫步的结合，是痛快淋漓与目瞪口呆的结合。世界上至少有两种人

会有类似的体验，一种是吸毒者，从这样的狂喜走向疯狂、堕落，乃至彻底灭亡。一种是思想家与学问家，从这样的

狂喜走向真理，走向科学，也走向天国，走向大彻大悟的解脱与欢欣。

曰：『草食之兽，不疾易薮；水生之虫，不疾易水。行小变而不失其大常也，喜怒哀乐不入于胸次。夫天下也者，

万物之所一也。得其所一而同焉，则四支百体将为尘垢，而死生终始将为昼夜，而莫之能滑，而况得丧祸福之所介乎！

而才自然矣；至人之于德也，不修而物不能离焉。若天之自高，地之自厚，日月之自明，夫何修焉！』孔子出，以告

孔子曰：『夫子德配天地，而犹假至言以修心。古之君子，孰能脱焉！』老聃曰：『不然。夫水之于汋也，无为

王蒙讲说《庄子》系列

七一九

七二〇

颜回曰：『丘之于道也，其犹醯鸡与！微夫子之发吾覆也，吾不知天地之大全也。』

弃隶者若弃泥涂，知身贵于隶也。贵在于我而不失于变。且万化而未始有极也，夫孰足以患心！已为道者解乎此。』

天下，是万物共同生息的地方，是万物的同一性的根本。认同这天下的万物、万象、万事，包括生死祸福的同一性。至于

小小的调整，并没有抛掉它们主要的与经常的生活方式，喜怒哀乐得失之情之虑也就不会影响它们的精神心胸。至于

老聃说：『食草的兽类，不为更换湿地草场而发愁；水生的虫类，不因为改换江湖水域而难受。因为那只是实行

之交替，不可能混乱，交替互变没商量，又有什么得失祸福的计较可言？那算得了什么！遗弃附属于自己的东西，如

同抛弃泥垢，这是由于认定自身贵于自身之物。知道自身的珍贵，却不应该因此拒绝随着时间变化，你不会因

形体、器官可以化为尘土，同在尘世，处境彼此同一，无大差异，不需要特别地予以区分。而死生终始，也将如昼夜

而不再计较小的变化差异，那么尘世、尘垢、微尘也就等同于我们的四肢百体（脏器），尘土可能化为形体、器官，

变化就失去自身的珍贵。何况这样的变化是永远的，是没有头的。这又有什么可忧心闹心的呢？已经致力于大道的人

是会明白这个道理的。』

孔子说：『先生之德与天地同辉，还要借重至理佳言来修养心性。古之君子谁又能不致力于学习修为呢。』老聃说…

『不见得。清水是澄澈的，由于水的无为才能自然而然地做到这一点；至人的德性，不需要修养而自然形成，从来不

会与之脱离。就像天自然就是高的，地自然就是厚的，日月自然就是明亮，又用得着什么修为呢？』孔子出来，把这

些告诉颜回，说：「我对于道的认识，就如同腌菜瓮中的蠛蠓飞虫一样渺小！如果没有老聃先生破除我之俗见，我根

本就不可能从整体上从全局上接近天地古今的大道理啊！

《庄子》是讲究认同的，与世界即与天下认同，与生老病死、祸福通蹇的种种生存状态认同，与世界的本质、

本源即大道认同，对永远既不封顶又不保底的时间、变化的、品性的多样性认同，

并从而淡化对于万物的不同处的计较，在这一节讲得尤其新鲜、生动、深广。来到世上，生而为人，与世上万物的

关系本来就是大同小异，生也罢死也罢，富也罢贫也罢，贤也罢愚也罢，伯夷也罢盗跖也罢，都是大同小异。对于

世上的各种选择与处境的探讨及歧义，从大道的观点来看，都是小是、小非、小小调整。就像本来就是吃草的动物挑

拣草场，本来就是水生的动物挑拣江湖。这话厉害，尤其在东周那个群雄争霸的时期，闹得再凶，能有什么大分歧？

不都是争霸、争权、争旗号、争一统天下吗？从个人尤其是士来说，不都是争官职、争地位、争功业、争名声吗？

谁又有什么新鲜可言！

这样的命题起着釜底抽薪的作用，有着灭火强灾的用心。再往彻底里说，既然生在这个世界上了，也就意味着必

然死在这个世界上，生死本为一体，变化与不变本为一事，你有什么可忧心、可不安、可闹腾、可磨唧的呢？

人无完人，论无完论，孔子的理论辛辛苦苦、磨磨唧唧、吭吭哧哧，弄不好会是酸文假醋，口是心非、装点门面。呜呼，难道还没明白过滋味吗？老庄的理论高明则高

明矣，深邃则深邃矣，弄不好也会成为玄学空论、忽悠自欺，成为阿Q们的精神祖先。孔子强调人要修养，老聃驳了他，

令人无奈。我们的现当代，也有刘少奇强调修养，却在「文革」中遭批的故事。看来就是修养一说，也是此亦一是非，

彼亦一是非，仅仅读书、讲书、学堂讨论，你一辈子也闹不清楚的。没有人生内涵、人生意蕴的高论，说到底也是终

无大用，终无是非真伪可言的呀。

读到孔子强调修养，而老子说是「天之自高，地之自厚，日月之自明，夫何修焉」，令人略感不太舒服。合着老

子是靠吹大话压倒了孔子的，闹得孔子自认是腌菜瓮中的蠛蠓飞虫一般。孔子倒挺谦虚。天不需要修养而自高，天还

不用吃饭而自饱呢！什么都照搬天空或大地，行吗？中土圣贤从先秦时代就都重视精神境界的高大全了，高大全却很

容易变成牛皮大言，这是一种危险，也是一种老病根子了。

四 摆平鲁哀公，然后一个又一个、一堆又一堆地摆平

庄子见鲁哀公，哀公曰：「鲁多儒士，少为先生方者。」庄子曰：「鲁少儒。」哀公曰：「举鲁国而儒服，何谓少乎？」

庄子曰：「周闻之：儒者冠圜冠者知天时，履句屦者知地形，缓佩玦者事至而断。君子有其道者，未必为其服也；为

其服者，未必知其道也。公固以为不然，何不号于国中曰：『无此道而为此服者，其罪死！』」于是哀公号之五日，

而鲁国无敢儒服者。独有一丈夫，儒服而立乎公门。公即召而问以国事，千转万变而不穷。庄子曰：「以鲁国而儒者

一人耳，可谓多乎？」

庄子说：「我看鲁国儒学之士其实很少。」

庄子与鲁哀公见了面，哀公说：「鲁国有很多读书明理的儒学之士，但很少信奉与传播先生您那一套道术的。」

哀公说：「全鲁国的人都穿着儒者的服装，怎么说少呢？」庄子说：「我

【尚同】篇赏

听说，穿儒服的人中，戴圆帽，表示他通晓天时；穿方形鞋子，表示他懂得地理；佩戴彩色丝带，还系着玉佩玉玦，表示遇事能够决断，即有决策能力。其实我的看法呢，君子人掌握了高明的道行，未必就一定穿戴那样的服饰，而穿戴儒者的服饰，未必意味着真掌握了多少道行。鲁公您如果以为不一定是这样，不妨发布一个号令，只要说明：「不掌握一定的道行而穿戴那种服饰的，要处以死罪！」于是哀公发布了这样的命令，五天以后鲁国基本上没有敢穿儒服的人。唯独有一位汉子，身着儒服立在哀公门外。哀公立马召他进宫，问以国事，千变万化地提问，却难不倒他。

庄子说：「这么大的鲁国，只有一个儒者，能说是儒者多吗？」

王蒙讲说《庄子》系列

七二三 七二四

有理。何必当年的鲁国呢？今天穿西装的人不一定懂外语，穿军装的人不一定会打仗，穿唐装的不一定通传统文化，穿运动服的不一定多么善于体育运动。这有什么新奇吗？

底下庄子出的招则太矫情，甚至不无恶劣。穿戴某种衣服饰物，表达对某种学问或某个学者的尊崇，这是好事，鲁国原来流行过儒服，说明孔孟之道对当地的服装业、当地的穿衣时尚有相当大的影响。这至少说明，在鲁国，而且很可能不止鲁国，儒学对于士人与百姓的影响远远大于道家。庄子不服，认为从穿什么上判断学派，学术影响是靠不住的，这也至少无可厚非。不懂或并非精通而尊崇之，这没有什么不好的，这是常情。中国当代尊崇孙中山、毛泽东、鲁迅、钱锺书直到季羡林的人不少，其中有几个人说得清楚孙毛鲁钱季？说不清又何罪之有？采取吓人乃至杀人战术，太不像话了。鲁哀公接受这样的主意，只能说明哀公乃是白痴。

百里奚爵禄不入于心，故饭牛而牛肥，使秦穆公忘其贱，与之政也。有虞氏死生不入于心，故足以动人。

百里奚不把官爵俸禄即级别待遇放在心里，所以他牛养得好，长得很肥，使秦穆公忘记了他出身低贱，而委任他治国行政。虞舜则从小碰到家庭的问题，后母等家人三番五次要害他，但他不把生死放在心上，所以能感动说服他人。

估计安心养牛、将牛养壮养肥的人不止百里奚一人，但不是每人都有从政的机遇。遭遇无良后母，只得不顾死活尽孝的人，可能比将牛养壮养肥的人少一些，但也不会是仅虞舜一人，也不见有他人得到唐尧的女儿与天下。这几句话里的故事有些牵强，道理仍是可取的。你想有所建树有所成就吗？不要忧虑成病，不要怕出身微贱，不要怨天尤人，不要怕幼时遭难，也许不同的机遇正在向你走来。而如果你急于求成，不要计较太多，不要自惭形秽，踏踏实实该干什么干什么，能干什么干什么，你牢骚满腹，你走向极端，也许你更加是自取灭亡。

《庄子》中屡屡以劳动为例讲述大道，解牛、养牛、捕蝉、驾船、木工……都讲得出神入化，令人钦佩着迷。此处甚至暗示，某一样活计做得好的人，他的心态道性，完全可以用来治国平天下，依靠他们去治国，也就会闹得很好。这里尊重劳动的观点倒是不恶。

宋元君将画图，众史皆至，受揖而立，舐笔和墨，在外者半。有一史后至者，儃儃然不趋，受揖不立，因之舍。公使人视之，则解衣般礴臝。君曰：「可矣，是真画者也。」

宋元君要画个画，众位画师都到了，行礼作揖受命，站在那里，润笔研墨做着准备，人太多，一半人站到了大门外边。有一位画师到得晚一些，他安闲自在，不慌不忙地走来，受命拜揖后也不站下来，而是向馆舍住处走去。元公派人去看，

见他脱掉上衣，赤裸上身，盘腿静坐着。元公说：「行了，这位才是真正的画师。」

可不是前文讲得太具体太实在了，连忙跟上去说点玄乎的，以免太俗。

从战略上说，中国人讲究的是以出世的心态做入世的事业，该干什么当然不能不干什么，但还是讲要虚静，要无心——自己。不管遇到什么，获得什么（委托、荣誉、信任、负担、压力……）都要若无其事，该是什么样还是什么样。

要满不在乎，要保持自身精神世界的独立性、自由性、自主性，绝对地抵制异化，不能让要做的事情主宰做事情的主体

这样才能进入最佳状态，才能得到最好的发挥。

略嫌过分，稍有矫情的是此段故事。小事反而用不着大摆其风度风格。画个画，牛什么？

以出世的心情当宰相，别人会非常佩服你。以出世的心情做官跟班，做二十七级见习科员，不但可笑，而且理应革职。

其他画师，恭恭敬敬地作揖站立，显出来了紧张与拘谨。

而气势高人一等，他反倒吃得开，而诚惶诚恐、殚精竭虑的「敬业者」被轻视。大大咧咧，我行我素，应该说是不无

狂妄自大与满不在乎的才子傲气的后来者征服了君王，这靠谱吗？果真是有什么普遍规律在其中吗？这样的经验说是不牢靠的吗？如果赶上这位君王脾气另类或脾气更一般化一些，如果此位君王最讨厌文艺人的狂妄粗疏，最痛恨文化人不

敬长上不服领导管束，会不会勃然大怒，干脆拉他出去斩首呢？只怕是说不大准的吧。

精神不足，怕风险的画师，宁可随众站立，宁可淹没在庸众之中不愿冒冒犯犯君王的险的人呢？他该不会选择那步险棋的吧？

五 周文王既有眼光又能玩花招，接着摆平下去吧

文王观于臧，见一丈夫钓，而其钓莫钓；非持其钓有钓者也，常钓也。文王欲举而授之政，而恐大臣父兄之弗安也；欲终而释之，而不忍百姓之无天也。于是旦而属之大夫曰：「昔者寡人梦见良人，黑色而髯，乘驳马而偏朱蹄，号曰：

「寓而政于臧丈人，庶几乎民有瘳乎！」诸大夫蹴然曰：「先君王也。」文王曰：「然则卜之。」诸大夫曰：「先

君之命，王其无它，又何卜焉。」遂迎臧丈人而授之政。典法无更，偏令无出。三年，文王观于国，则列士坏植散群，

长官者不成德，斔斛不敢入于四竟。列士坏植散群，则尚同也；长官者不成德，则同务也；斔斛不敢入于四竟，则诸

侯无二心也。文王于是焉以为大师，北面而问曰：「政可以及天下乎？」臧丈人昧然而不应，泛然而辞，朝令而夜遁，终身无闻。

颜渊问于仲尼曰：「文王其犹未邪？又何以梦为乎？」仲尼曰：「默，汝无言！夫文王尽之也，而又何论

刺焉！彼直以循斯须也。」

周文王到臧地去巡视，看到一位钓鱼的老人，虽说是在垂钓，却既无弯钩也无鱼饵，他经常以这种独特的方式钓鱼。

文王想提升他，把政事交他治理，却怕大臣和父兄们不肯安然接受，干脆不用他吧，又不忍心老百姓得不到好的指引与保护。于是他就在次日清晨对他的大夫们说：「昨天夜里我梦见一位形象美好的人，肤色黧黑，长满络腮胡须，骑的杂色马有一只蹄子是红色的，这位很有气派的人命令我说：『就把你的国事委托给臧地老人去处理吧，老百姓差不多就能解除痛苦了！』诸位大夫大受震动，他们说：『这是先王在托梦啊！』文王说：『要不让我们占卜一下看看？』

众大夫说：『先王下了命令，您就不要想别的了，何必再占什么卜。』就这样，文王迎来了臧地那个直钩钓鱼的老者，

委以国家政事。这个人掌权以后，没有更改过往的典章、法令、规矩，也没有发布什么特别有新意的命令。三年之后，

文王巡视考察了领地，看到的是各种文士武人结成的私党集团都散了摊子，官长们也不致力于求名、求政绩，

无人敢于将与此地标准不一的不合格的量器带入国境之内。私党派别解散，也就做到了团结、合作、统一；官长不追

求个人政绩，也就共同致力于办实事，与这里标准不一、不合乎用统一标准的量器不敢入境，则诸侯们也就没有二心——

自成体系之心了。文王于是赞道，臧丈人可真是伟大的老师呀，他站到下首而恭立请教说："您的这种行政的风格与

效用能够推行、推广到普天下吗？"臧丈人默默地不言不语，空空泛泛地说了几句推辞的话而去。早晨他还在发号施令，这

晚上就不见了，终身不再有他的消息。颜渊问孔子说："文王觉得自己说了还不够吗？何必要假托于做梦呢？"孔子说：

"别作声，你不要说了！文王已经做得很完美了，你又何必议论讥刺他呢！他只是使用了一些权宜的办法迎合当时的需

要罢了。"

直钩去饵，这里的象征意义也许大于实际意义，文学性大于管理学性。直钩钓鱼，这太像是行为艺术，而不是生活，

更不是职业差事。可能其意在说明一个人可贵的是无私心、无贪欲，万事听从自然之道，那你还去钓个什么劲儿？不

是猪鼻子插葱——装象吗？仅凭此就任命他掌握行政，不免有点悬乎。编个瞎话说是先王托梦，还不许颜回议论，这

里透露的是政治中的猫腻之多。有点黑呀。权宜手段？说的是实话。

三项效果一跳就出现了：一是结党营私的没了，利益集团瓦解了，这很好，避免了治下的四分五裂。但如何能做

到这一点？通过将鱼钩撅直就能成？并不令人放心。权力运作完全脱离党派、集团、山头，这既是很好的原则，又不

完全现实，尤其是在先秦，那时并无无产阶级大公无私的意识形态出现。毛泽东有名言："党外无党，帝王思想；党

内无派，千奇百怪。"

王蒙讲说《庄子》系列

七二七

七二八

第二项效果是官员不"成德"，不追求个人的政声、政绩与势力了，这个境界就更高了。有的将此解释为官员不

施恩泽，还有的解释为不显功德，与我所说的不求政绩的含义接近。说成不求政绩，有点现代化的意味，有点借今释

古或借古喻令的嫌疑，也是可以理解的。他山之石可以攻玉，读书，读经典，读古人，都会、都必须联系现实的今人

的生活与经验。本来臧丈人在周文王手下干得很好，结果周文王没事去正儿八经地请教，把臧丈人吓跑了。也许这里

另有含义，文王姬昌生活于商代，其时，他只是一个伯爵，当时整个商朝的统治者是纣王，他要把臧丈人之政向天下

推广，牛皮大了，是否有不臣之心的流露，从而使得丈人不辞而别，闻风而逃？对此不知为何从未见前贤论及。至于

文王云云，则还是武王革命成功后才给他老爹加上的封号。

第三项效果是度量衡趋向统一，不敢走私、进口、私秤、私斗、私尺度了，境界高了能压服地方非法势力，倒也有趣。

后面孔子与颜渊的对话也极有趣，颜渊天真诚信，是尚未出道的年轻人，孔子就有点人情练达、世事洞明了，他

立即要封住颜渊的口，他理解某些权宜、猫腻的不可避免性。怎么说呢？孔子却原来如此世故！这段从正文里岔出来

的尾声，究竟意在夸奖还是讽刺孔丘呢？

列御寇为伯昏无人射，引之盈贯，措杯水其肘上，发之，适矢复沓，方矢复寓。当是时，犹象人也。伯昏无人曰："是

射之射，非不射之射也。尝与汝登高山，履危石，临百仞之渊，若能射乎？"于是无人遂登高山，履危石，临百初之

七二九

七三〇

渊，背逡巡，足二分垂在外，揖御寇而进之。御寇伏地，汗流至踵。伯昏无人曰："夫至人者，上窥青天，下潜黄泉，挥斥八极，神气不变。今汝怵然有恂目之志，尔于中也殆矣夫！"

列御寇给伯昏无人演习射箭，他把弓拉得满盈，倒一杯水放在自己的胳膊肘上，开始放箭。一箭射出，后面的另一支箭已经端端正正地扣在弦上，连续发射，连续置箭，运转不停。此时，列御寇直立在那里，就像个雕像一般稳重。

伯昏无人说："这是'一心射箭之射'，不是'无心射箭之射'。如果我与你一起登高山，踏险石，贴近百仞深渊，你还能射箭吗？"于是伯昏无人登上高山，踏上险石，背对着百仞深渊慢慢往后蹭，直到脚下有十分之二悬空到了石外，在那里给列御寇作揖行礼，请他上前射箭。列御寇吓得趴到地上，冷汗流到脚跟。伯昏无人说："作为至人，上可探看青天，下可潜入黄泉，伸展徜徉于四面八方，而神情心态始终如一。可现在你呢，心惊肉跳，头晕眼花，你精神已经垮了，然你手里捧起来的就是珠穆朗玛峰了。

还上哪儿去射中目标呀！"

真是寓言集锦呀。奇哉妙也，神乎其神，天外有天，山上有山，旱地拔葱，更上一层楼。然而只是一般的厉害，'能御寇'的厉害，而伯昏无人，是形而上的厉害，是又'昏'又'无人'的厉害，后者当然永远高于前者。美丽主义，整体主义，东方神秘主义，空无崇拜，以及很难说没有的强词夺理，尽在文中。先树一座昆仑，再挑它的毛病短处，三言两语，三比划两招，也许是花拳绣腿，立个门户，亮个相，超而过之，压而倒之，当

一上来对于列御寇射箭的描写气势不凡。在前撑弓的胳臂伸得直直的，稳如泰山，放上一杯水也洒不出来，亏他想得出！一支箭射出去，另一支箭已经搁好，这也是一种对于'无间'性即连贯性、一体性、不可分性的崇拜。但细想想，又有点忽悠。很简单，箭射得好不好，一看准确，二看力量，三看速度。百步穿杨，说的是力量；射中红心或获得多少环，说的是准确度；速射，一分钟射多少箭，说的是速度，肘上放水，则是花式子，是作秀，不是射箭运动比赛。

伯昏无人的思路就更加不凡，列御寇的射箭，是有心有意为之，是有技有法、有紧张度、有程序、有目的的努力的结果，而我们的祖先，尤其是老庄，更崇拜的是无心无意、无技无法而毫无紧张、全不在意、全不努力，一切听其自然、完美无缺的'天成'。他拉上列御寇去登山履险，按当今运动竞技的理论，这至多是登山比赛，与射箭风马牛不相及。敢于玩悬的、半空登临峡谷，恐怕也难进奥林匹克竞技的大雅之堂。那么伯昏无人的思路何在呢？'夫至人者，上探青天，下入黄泉，能不能将精神的力量、生命的力量张扬发挥到上下左右东南西北，则是道的问题、品质的问题、上窥青天，下潜黄泉，挥斥八极，神气不变。'箭射得好不好是小事，是技术问题，是'术'，是不是至人，能不能自我掌控的问题、能否无往而不胜的问题。这也是国人喜整体性思维而忽视具体细节的一例。

表述或显夸张，不能说没有点道理。人是有可能进入这样的境界的，即最高的技巧是无技巧，大道无术，不但进行肌肉骨骼的刻苦训练，而且进行意志品质的难度训练。被训练者不仅用躯体器官接受训练，而且用心神悟性接受大道的启迪，这样才可能做到一通百通。一个运动员，一个艺术家，乃至一个政治家都会有这样的过程，先是战战兢兢，如临深渊，如履薄冰，千难万险，千辛万苦，做出一点成绩，创造一点记录。随着时间的推移，随着悟性的空前提高，

随着客观条件的转化，天命在我，天佑有道，同时随着熟练化、成熟化、主体化的进展，他或她能全身心地投入到事业或竞技中，相当放松，变苦为乐，变难为易，左右逢源，于是俯拾即是，顺手拈来，行云流水，若有神助，不射之射，射遍天下无敌手也！

六 真人当然不将官职放在眼里

肩吾问于孙叔敖曰：「子三为令尹而不荣华，三去之而无忧色。吾始也疑子，今视子之鼻间栩栩然，子之用心独奈何？」孙叔敖曰：「吾何以过人哉！吾以其来不可却也，其去不可止也。吾以为得失之非我也，而无忧色而已矣。我何以过人哉！且不知其在彼乎？其在我乎？其在彼邪亡乎彼，在我邪亡乎彼。方将踌躇，方将四顾，何暇至乎人贵人贱哉！」

仲尼闻之曰：「古之真人，知者不得说，美人不得滥，盗人不得劫，伏戏、黄帝不得友。死生亦大矣，而无变乎己，况爵禄乎！若然者，其神经乎大山而无介，入乎渊泉而不濡，处卑细而不惫，充满天地，既以与人己愈有。」

王蒙讲说《庄子》系列

七三二

七三三

肩吾问孙叔敖说：「您三次当了令尹也没显出荣华富贵来，三次被罢官也没有什么倒霉相。我初始对您的表现心存疑惑，不太理解也不怎么相信，现在见到您喘气均匀，轻松活泼，太有趣了，您的思路到底是怎么个意思呢？」孙叔敖说：「我没有什么地方能够超过旁人。我觉得官职既然来了，就难以推辞，官运去了，也无法挽留。我觉得官职俸禄、得得失失本来就不归我，这样也就用不着为它发愁了，如此而已。我上哪里去比他人强去啊。况且，我压根儿就不明白，所谓的荣华显贵是令尹这顶官帽子呢，还是已经当过几次官儿的我本身呢？如果是令尹这个官衔荣华显贵，与我又有什么关系？如果是我自身有什么可荣可华可贵之事，和我当不当令尹有什么关系？当了什么什么，我时不时地要思考、选择、忖度、计划，我时不时地要顾及四面八方，了解诸事诸理，哪有工夫去琢磨个人的富啦贱啦的去！

孔子听后评论说：「古时候的真人，智者不能说动他，美女不能扰乱他，强盗不能抢劫他，伏羲、黄帝这样的帝王也不能把他拉过去。死生是够大的事了，并不能使他改变自己的精神与操守，官爵俸禄又何足挂齿！这样的人，他的精神超越大山而无障碍，进入深渊湿地而不沾湿，遭遇贫贱而不委靡，与天地同在同格，一心奉献别人而自己越发富有。」

中国之官本位，由来已久。孙叔敖讲的道理其实非常平实，是大实话，但是人们硬是想不明白，更做不到。人与位（职级、衔、封号）到底哪个重要，哪个起决定作用？孙叔敖说得多么好，荣华显贵如果是从我这个人身上得来的，与官职头衔无关，我既然具有了荣华显贵的种种条件与资源，丢官能对我有什么损失？荣华显贵如果针对的是特定的官职，那与我本人本体又有什么关系？人家捧你不是因为喜欢你，而是由于人家不能不承认你混上了个什么破官职——例如令尹，人家管你令尹长令尹短地叫唤着，行着礼，说着阿谀奉承的话，都是对官职的，都不是对你的。早晚你会与此官职分离，到时你吗也不是，吗荣华显贵也不会存留。真透彻呀！

官迷自古有之，于今尤烈。官迷愈多，愈说明人的孱弱、没有出息、没有头脑、不清醒、不自知。真正有品德有智慧有操守的人会害怕丢官吗？丢官才提供了自身真正一显身手的平台！孙叔敖三起三落，神清气闲，连鼻孔的呼

因职成事，因运气成事的人太多。原因之一在于自信的人太少，真正有本事、本钱、本领的人太少，而因衔成事、因位成事、

吸都那么清新舒畅，善矣哉！再看看官场内外的蝇营狗苟的丑态！其高低美丑贤愚立见。

楚王与凡君坐，少焉，楚王左右曰『凡亡』者三。凡君曰：『凡之亡也，不足以丧吾存。

则楚之存不足以存存。由是观之，则凡未始亡而楚未始存也。』

楚王与凡国君王坐在一起交谈，一会儿，楚王左右的臣子多次过来报告凡国灭亡的事。凡国之君说：『就算凡国

灭亡了，并不等于我就不存在了。既然凡国灭亡并不能使我灭亡，那么楚国的存在也不等于保证楚王您的存在。这么说，

凡国也就没有什么灭亡，而楚国也不一定就一准存在。

歧义。一种说法是，覆巢之下岂有完卵？皮之不存，毛将焉附？《红灯记》的唱词则是：『山河破碎我的心肝碎，日

月不圆我的家难圆。』在这个信念下，出了多少仁人志士。但在无义战之时，在乱世，凡君提出来，我的国亡了我没

有亡，你的国没亡也不等于你一定不亡，这边亡了那边存在了，有那么大意义吗？这确实提得很大胆，很出格，也很

个体的生命有他的独立性与重要性，不一定是随国灭亡，随国存而存。这样的说法至今仍然十分敏感，也仍有

值得一想。

再说，按庄子的观点，存与亡并非绝对对立，而是可以齐物，可以统一起来的。你的存不一定意味着什么都存、

永远都存、时时事事存。你的楚国天天有人消亡，天天有人消亡，天天有事做不成，天天有文物、学理、物质与非物质遗产被抛弃遗

忘。我的凡国天天都有人生下来来活下来，天天有物质的与非物质的文化遗产得到保护、记忆、传承，不是说明它仍

然存在吗？夏、商、周、秦、汉、晋、隋、唐、宋、元、明、清，哪个朝代没有存在过？哪个朝代没有亡过？庸夫俗子，

王蒙讲说 《庄子》 系列

对于存亡兴衰成败之事，你能知道多少，你能言说多少？歇着吧，您！

老王说：老庄，尤其是庄，喜欢一种神秘主义。你有多少人间公认的功夫、成绩、修为、资源……全不算数，它

们即使亦步亦趋，仍然是与大道失之交臂。那么，看要看你的无为而无不为、无言而无不至、不钓而钓、不射而射、

有荣华而无荣华、去荣华而无荣华、亡而不亡、无生无死……这样庄子带给我们的就不仅仅是思辨、而且

是信仰，是浪漫，是激情，是崇拜，是梦境，是顿悟，是精神上的巅峰体验，是此岸与彼岸的高度融合，是天上与人

间的互通互补。

牛啊，庄生！神啊庄生！美啊，庄生！

知北游：天地有大美而不言

《知北游》是外篇最后一章，其内容完全适合作全书最后一章，比现时以杂篇的《天下》结束更能收拢得住。它

充满玄思——抽象的、阔大的、神秘的与超验的思想。它集中谈论天与道、生与死、知与不知、物与我、言与不言这

些激动人心，令人彻悟也令人发狂的大问题。它充满微妙感，智力的优越感乃至伤感：欲言忘言；天地大美；澡雪精

神；『乐未毕也，哀又继之』；人生在世，白马过隙……读之如嚼橄榄，余味深长。

我们无法推测此书章节安排编辑的过程，可能这只是巧合，可能那时并无在结尾处小结全书的思路，那就更妙了。

内篇第一章是《逍遥游》，本章是《知北游》，全书只此二章名『游』。『游』是动感，是庄子对于人生的总结，是

七三五

七三六

非常吸引人的一个字。当然，二游不同，一游是北溟南溟，九万里，扶摇羊角，而这里的二游更多是认知，是精神思

想上天入地、前始后终之游。读庄谈庄，让我们共同体会这种神游的激情与风度吧。

一　道是可知与可言的吗

知北游于玄水之上，登隐弅之丘，而适遭无为谓焉。知谓无为谓曰："予欲有问乎若：何思何虑则知道？何处何

服则安道？何从何道则得道？"三问而无为谓不答也，非不答，不知答也。知不得问，反于白水之南，登狐阕之上，

而睹狂屈焉。知以之言也问乎狂屈。狂屈曰："唉！予知之，将语若，中欲言而忘其所欲言。"知不得问，反于帝宫，

见黄帝而问焉。黄帝曰："无思无虑始知道，无处无服始安道，无从无道始得道。"

有个叫知（代表心智）的人向北面游历，来到玄水岸上，登上名叫隐弅的山丘，恰好在那里遇上了无为谓（代表无为、

无谓、无言、不可言说的大道）。知问无为谓说："我有些问题想向你请教：应该怎么样去思索，去考虑，才能知晓、

懂得大道？怎么样生活，怎么样自处，才能行事，才能符合大道？根据什么，沿着什么途径，才能获得大道？"问了

几次无为谓都没有回答，不是不回答，而是不知道怎样回答。知从无为谓那里得不到答案，便返回白水的南岸，登上

名叫狐阕的山陵，在那里遇到了狂屈。又狂又屈，是特立独行、稀奇古怪的意思吧。知把此前向无为谓的话向狂屈提

出来请教，狂屈说："唉，我明白了，我会给你说一说，只是我心里确实想与你谈，却又忘记了这心里想说的话语。"

才能够懂得大道，不去处理，不去行事，方才能够符合大道；没有根据，没有来源，也没有途径，方才能够获得大道。"

知从狂屈那里也是一无所获，转回到黄帝的宫舍，见到黄帝，他就把这些问题说了。黄帝说："不要思想，不要考虑，

把概念人格化，把概念上的歧义变成人际讨论或争论，这实在很特别也很天真，所以至今我们还讲什么京剧要姓京，

或者姓社姓资的讨论应该如何把握等等。

一个是知，就是知识与智慧、智谋。一个是无为谓，就是无为并且无言。一个是狂屈，疯狂？狂热？佯狂？屈枉？

委屈？屈弯？总而言之，有点变形，或者有点与众不同，与庸众拉开了不小的距离。

道不可言，玄而又玄，又不妨予以探讨。关键在于，道基本上不是一个经验的与逻辑推理或数

学计算所产生的概念。道是思辨，是突破经验层面的万物万象，一时一地，天地六合（三维空间），生灭存亡，彼此

是非正误的限定。达到本质、本源、永恒、无限、整体、全体、超越、融会贯通、至高无上的终极概念。道是

思辨也是信仰，是微积分也是激情，是分析也是了悟，是总括也是飞跃，是思维能力的创造也是独具慧眼的感受，是

冷冷的沉思也是匍伏赞美的崇拜，是人情人理的思考论辩，也是乃至更是想入非非的神灵、神光、神性……

经验、分析……这些是大致可说的，但也不可能说得准确详尽与毫不走样。而信仰、激情、慧根、了悟、想象、崇拜、逻辑、思辨、

都不是讲得清说得明的。道啊道，你的超级伟大也给你带来了超级的困难，一言不发不完全像是大道，因为聋哑并非

大道的表现，说出来呢，有可能越讲越走样。古往今来，谈老庄、谈道论禅、谈道教的书籍言论汗牛

充栋，会不会有时产生出越发糊涂以至于荒谬绝伦的功效来呢？用不着我多说了吧。

所谓无为谓，如果能当真对之有所体悟，倒也不简单。它意味着你产生了混沌感、顿悟感、整体感，尤其是对于

无穷大的感受，是数学、哲学、神学的大成与巅峰，是思辨的极致进入了非思辨的境界，而非思辨（激情、崇敬、信仰、

感动、满足等）的极致进入了思辨。这不同于无知愚昧的迷信，又不同于小手小脚的钻牛角尖。

当然，过分地强调不能说、不能想、不能讨论、不能研究、不能做、不能止、不能行、不能有所遵循……又多少有点洒狗血的嫌疑。无为谓是大道，对于哲人来说它是哲学，对于智者来说它是智慧，对于信徒来说它是信念，对于中低档智商来说，它完全可能变成狗血。我感到道教中有极美好的理念与修为，也有狗血式的喷洒与傻气乱冒。有什么办法呢？

准确一点讲，对于道的研习应该是在说与不说、做与不做、讨论与不讨论之间。首先还是要学习要研究，但又不仅仅是一个研习的问题。生活、研习、思考、体悟，这是分不开的，不能厚此薄彼。

知问黄帝曰：「我与若知之，彼与彼不知也，其孰是邪？」黄帝曰：「彼无为谓真是也，狂屈似之，我与汝终不近也。

夫知者不言，言者不知，故圣人行不言之教。道不可致，德不可至。仁可为也，义可亏也，礼相伪也。故曰：「失道而后德，失德而后仁，失仁而后义，失义而后礼。礼者，道之华而乱之首也。」故曰：「为道者日损，损之又损，以至于无为，无为而无不为也。」今已为物也，欲复归根，不亦难乎！其易也，其唯大人乎！」

知于是问黄帝：「我和你知道了这些道理，无为谓和狂屈却不知道你刚才讲的这些说法，那么，谁是正确的呢？」

黄帝说：「那个无为谓是真正正确的，狂屈嘛，差不多好像也是正确的，我和你却始终没有贴近于大道。有知有智的人是不多说话的，说话多了，正是无知无智的表现。所以说圣人要身体力行，正是不用言说而有所感染与教育。道不可能靠言词来获得，德不可能靠谈话来达到。至于仁，那是必须有所作为的，仁可能是做出来的……而讲求义，是可能

亏损残缺的，是可能打折扣的……恰恰是有了欠缺才闹出个义来没完没了。所以说：「失去了大道就只好去讲究德（价值观念、良心感受），失去了德就只能讲究仁（爱心、亲民、形象），失去了仁而后闹腾义（人际诚信或圈子拉扯）失去了义就只剩下礼（礼貌、形式、走过场、做样子）。礼，乃是道的伪饰与遮蔽，而且是搞乱思想的祸首」所以说：「进行道的修习的人每天都得清除删减自身上的非道的元素，删减再删减，以至于达到无为的境界，达到无所作为的境界也就是万物无不自然而然地在那里运动作为了。」如今你已经由于违背道的原则而异化了，想要再返回根本，不是很困难吗！假如能比较容易地改变而回归根本，恐怕只有得道的伟大人物吧！」

英谚『沉默是金』，与《庄子》的这一段似乎可以相互呼应。『无为』，沉默，未必是毫无表现，知去请教无为谓，知并未见一个请教一个。既无为又无谓，这已经表现了道行。正如传染病情报中零病例、零报告也是疫情的重要情报一样，零发言、零行为也是一种发言与行为的元素。

『仁可为也，义可亏也，礼相伪也。』这几句话很厉害，庄子认为具体的美德都是可以做出来的，是能够人为地作伪的，也是可能打折扣的。我们早就有这一类的词，说明我们早就见识到了这样的人和事：曰沽名钓誉，曰刁买人心，曰欺世盗名，曰装腔作势，曰虚与委蛇，曰巧伪人，曰伪善，曰假仁假义……近世，甚至有以写日记，在日记中夸张自己的先进思想与先进事迹为登龙奇术的。怪不得老庄都渴望人们能够更朴直一些啊。

『今已为物也，欲复归根，不亦难乎！』或译为人如今已处于万物之中了，或道已经下载为物了，再回到道之根

本上去，大不易了。我则欲释为「已经异化了」。这不仅是为了将庄学现代化，而且，从庄学的观点看，人生、万象、

万物，即一切具体的物的出现，既是大道的下载，也是大道的异化。因为出现了生也就是出现了死，出现了我也就是

出现了物，出现了万象也就是出现了区分与争执，出现了大小长短得失美丑的计较，出现了人类社

会也就出现了各种人的毛病：贪欲、自傲、自私、自是、强权、虚伪、狭隘、智谋、诡计、语词、

忽悠乃至胡说八道。世界是大道的花朵、大道的展现、大道的证明，也是大道的对立面，是大道的异

化，是大道的庸俗化、局限化、模糊化与摇摆化。已经进入了花样翻新、千奇百怪、乱乱哄哄的物的世界，再追根溯源，

意欲回到无为无谓、至高至上的大道中去谈何容易！

让我们再往玄里想一想，一个人在他或她没有出生以前，是大道的一部分，与大道在一起，与大道同行、同格、同质、

同项。一旦出生，就与万物在一起了，就是物了，就不恒等于大道了，就要日夜悲啼于对于大道的似有似无、似合似分、

似得似失、似生似灭的感受了。这时又能在有生之年对大道有所感受，有所体悟，有所依傍，有所崇拜，当然本身就

是大人了，就了不起了。

「为道者日损，损之又损之，以至于无为」，这话大致是从老子那里引用过来的。这使人联想到今日的减肥，无

论是从美容美体还是从保健祛病出发，都要减肥，减而又减，以至于无赘肉与多余的脂肪、多余的体重。过肥，是对

现代人的极大威胁。老庄他们要做的是精神与心智上的减肥，贪欲、权欲、争执、计谋、焦虑、妒忌、张扬……它们

对人对群体的害处超过赘肉脂肪又多多了。

王蒙讲说《庄子》系列

七三九
七四〇

人故贵一。」

万物一也，是其所美者为神奇，其所恶者为臭腐，臭腐复化为神奇，神奇复化为臭腐。故曰：「通天下一气耳。」圣

『生也死之徒，死也生之始，孰知其纪！人之生，气之聚也；聚则为生，散则为死。若死生为徒，吾又何患！故

「生的过程也就是死的过程，生的因素也就是死的一个组成部分，而死的同时是新的生命的开始，

死是新生的一个开端。就像鸡生蛋蛋又生鸡一样，谁能理出它们的头绪、顺序与因果承继关系！人的出生，是气的聚

合的结果，气聚合了，于是出现了生命，而气的分离散去，那么对于死亡的到来。如果死与生是互为同类，谁也离不开谁，

象其实是同一的，是一件事化的，是一个东西的两面，那么对于死亡，我们又有什么好害怕的呢？我们说，万物万

是一体化的，只有人为的偏见才使它们对立冲突起来。是人，把他们认为美好的东西视为神奇，把那些他们所讨

厌的东西看作臭腐（或是万物），是世界，把它们喜好的东西变得神奇，而把它们厌倦的一切化为臭腐）。然后，臭腐

的东西还会再转化为神奇，神奇的东西还会再转化为臭腐。神奇与腐朽也是互相一体的。所以有道是：「同样的一个气，

在整个天下运转不休。」圣人也因此非常重视万物的同一性。

强调天下万物万象的同一性，淡化它们的差异性，这是《庄子》的特色之一。有一个原因，就是他看够了那些大

同小异的人与思想观念、利益集团、血缘集团直至诸侯王国之间的夸大其词的纷争，如以暴易暴，以片面斥片面，以

牛皮嘲牛皮，以昏反昏，以恶对恶。他也看透了人们为自己不可抗拒的变化与命运而忧心忡忡、焦虑迷狂，像没头的

苍蝇一样乱撞，火上浇油，自取灭亡。他还看够了万物万象归一的大趋势。寿夭终难逃一死，贵贱常互为表里，腐朽

与神奇也并非势不两立，仁政与暴政都有自己的仁与暴。庄子的这个思路，比强调差异与斗争的理论看得远些，或嫌

消极，却又有利于休养生息与和谐安稳，当然，不利于睁了眼睛看。知道有这样的绝门之论，体会先秦大家的想象力，

表达力与中华民族的惊人头脑，与之共舞几圈，诚然可喜可庆。至于二十一世纪，当然一个庄子一个孔子远不够用，

我们需要的思想、精神、学问、资源、成果、创造与新意，多着呢！

「通天下一气耳」的说法像是天才的小儿科道理。那个时候还不懂得物质三态的理论。其实万物都可能呈现出气

化的状态，因此称之为「一气耳」是天才的。气给庄子时候的国人的印象当然是易于交通变易，将世界的原始状态设

想为一团气，贴谱。生死互徒而无纪，就更高明了。是有了生才有死？是有了死才有生？想不到先有鸡还是先有蛋的

问题这样深邃有趣。

知谓黄帝曰：「吾问无为谓，无为谓不我应。非不我应，不知应也。吾问狂屈，狂屈中欲告我而不我告，非不我告，

中欲告而忘之也。今予问乎若，若知之，奚故不近？」黄帝曰：「彼其真是也，以其不知也；此其似之也，以其忘之也；

予与若终不近也，以其知之也。」

狂屈闻之，以黄帝为知言。

知对黄帝说：「我问过无为谓，无为谓他不予回应，不是诚心不回应，是硬是不知道如何回应。我问过狂屈，狂

屈衷心要告诉我点什么，却没有告诉，不是不肯告诉，是衷心想着告知我，却同时忘记了该怎么说。接下来我来请教你，

你是知道我所提出的问题的答案的，为什么却说我们是离道越来越远了呢？」黄帝说：「真正了解大道的，他对于大

道是什么也不知道的，差不多接近于道的，是忘记了如何解说大道的；我和你终究不能靠近于道，是因为我们什么都

知道啦。」

狂屈听说了这件事，认为黄帝的话是最智慧的关于道的言论。

知道就是不知道，什么都不知道才是知道，曾经以为自己知道，终于是忘记了，这也是接近于知道，好似知道。

这个说法很好玩。在特定的情况、条件下，这个话很精彩，至少比认定自己确实有所知道更精彩。在非理

性的狂潮中，在完全无奈之中，在客观世界向你提出的问题大大超出了人的认知水准的时候，承认自己的无知，也许

才是有知的表现。而越是夸夸其谈，越是对答如流，越是巧舌如簧，越要丢丑。邦有道则智，邦无道

则愚，愚也不可及，这也是一种超高级的不知。当问答进入了形而上的层面，进入了超智力的层面，你最好的选择也

是承认无知，选择无言，长叹而且无为，勿为，不为。与此同时，你可以在风度上下功夫，可以在气色上下功夫，在

日常生活中下功夫，无为而无不为，无所用心而事事时时呈现出得道者的高度。

有什么办法呢？许多人之倒霉，之吃瘪，之愚蠢，之害人害己，不是由于他的无知、无言、无谓，而是他一瓶子

不满半瓶子晃荡，是由于他的强不知以为知，自以为知，自以为是，他的有害的知识、言语、行为与计较太多。为

什么傻人更有傻人福？为什么三缄其口常常成为度过困境的最佳法门？为什么人们将藏拙视为美德，而将张扬视为幼

稚？能不慎乎？

但同时有一个问题，人不是承认自己无知与无为谓就至此结束了，就万事大吉了。人的特点，人生的意义之一在于，

既老老实实地承认无知，又渴望在知上有所前进，渴望有所探索，有所发现，有所前进，有所积累。第一你是不知，第二你正在知，

第三你渴求知，第四你确实在知上有了不小的前进，第五，前进了半天，该承认无知的还是无知，该承认说不出来道不

明白的也仍然是如此。什么叫明白，什么叫糊涂呢？这几方面都理得清想得顺，就基本明白，否则仍然是糊涂人。

出的判断。

二 从伟大的美丽出发，探求万物的道理

天地有大美而不言，四时有明法而不议，万物有成理而不说。圣人者，原天地之美而达万物之理，是故至人无为，

大圣不作，观于天地之谓也。

天地具有全面、足够、宏大的美德与美丽，却从来没有什么自我表述，四时运行具有明确的规律与章法，却从来

没有进行过什么议论；万物的存在变化有既定的道理与格局，却从来用不着加以解说。达到顶峰的圣人，从天地伟

大的美丽出发，从而获得万物存在变化的道理，所以说圣人无为，大圣不作，这是我们对于天地作了深入观察之后得

「天地有大美而不言」，这是《庄子》中最美丽的句子之一，是脍炙人口的名句，是中华民族古代学人『天地颂』

的主台词。吟咏于此，确实令人感觉到人类的浅薄与浮躁。每个人，至少是很多人，往往是说的比做成的多，说的比

唱的好听，更不要说比做到的好听了。而天地的形象、天地的境界、天地的功能——大德，却给人们提供了真正恢宏、

谦逊、自信、博大而且沉潜的榜样。「四时有明法而不议」说到底仍然是不争论，不说空话，不要没完没了地搞论坛、

搞研讨、搞辩论、搞上院下院的意思。如果你做的事符合自然规律、客观规律，就别没完没了地瞎扯了，你要干的事

王蒙讲说《庄子》系列

能有四季变化那么广泛深入与巨大反差吗？四时交替，并不需要事先辩论，不需要正反两方唇枪舌剑，该变的不就变

了吗？该取代的不就取代了吗？为什么人类把自己的生活搞得这样复杂乃至于惨烈！

语言与文字的使用是人作为万物之灵的标志，它们是文化的载体，是历史的保存，是人类活动的花朵也是果实，

但也是人类的灾难：多少时间，多少生命，多少财富，多少智慧都浪费在空谈、假话、夸张、作秀、恐吓、诱惑、语

言暴力、语言误导、语言骗局当中！

中华传统文化似乎自古就有不特别提倡自由讨论、争论、辩驳、解说的传统，这与儒家的对于尊、卑、长、幼、纲

目的秩序的维护与保守有关，也与道家的齐物、无为，一切听其自然的主张有关。天地有大美而不言，这确实很感人

你可以创作出大合唱来赞颂这样的不言的天地。但是人呢？一个诸侯，一个帝王，一个将相，一个老师，一个

商家、工艺师……只是不言，一定能证明他或她的管用与伟大吗？还是证明他或她的脑残或智障呢？

再搬搬杠，天与地果然绝对地无言吗？虎有虎啸，龙有龙吟，庄稼拔节时会咔咔地响，水有水文，天有天文，地

有地貌，还有阴晴雷电、狂风惊雷、巨寒酷热、洪涝干旱、地震泥石流、雪崩塌方，当然也有风调雨顺、花明柳媚、

天清地阔，万物欣欣向荣的美好局面，这不就是天地之言吗？天地不作人言，不等于它们永远无声无息。禽有禽言，

兽有兽语，天有天音、天籁、天谴，地有地籁、地动山摇、海啸，还有钱塘江涨潮千军万马般的呼啸。所以，古代中

国皇帝遇有天灾地祸，都要下罪己诏，他们认定上天与大地会因人事不妙而向他们发出黄牌警告。

今彼神明至精，与彼百化。物已死生方圆，莫知其根也。扁然而万物自古以固存。六合为巨，未离其内；秋豪为小，

待之成体。天下莫不沉浮，终身不故，阴阳四时运行，各得其序。惛然若亡而存，油然不形而神，万物畜而不知。此之谓本根，可以观于天矣。

它（天地，或言大道，或如后文之言本根）的神奇与明澈精深微妙，与宇宙万物一起变化无穷。万物已经各有其存在的方式：死了的，是已经死了；生了的，也已经生出生长了。它们可能是方块带角，可能是圆球无端……我们无法确切地知道万物所以如此生生死死、方方圆圆，所以千差万别的根由。翻翻万物，芸芸众生，从古代就自行早已存在。「六合」算是十分巨大的吧，却始终不能超出它的囊括，秋天的毫毛算是细小的了，也还得仰赖于它的充实，方才能成就其小小的形体。它是那么糊涂幽暗，仿佛业已消失，实际上却无处不在，生气洋溢；它并没有自身的确定形象，却体现了充足的精神，万物被它养育却一点也未觉察。这一切都是来自本根，感悟到本根，就可以用它来观察自然之道了。

这一段文字的主语用的是代名词：彼、其、此。有的老师将彼译作大道，有的老师将之解释为天地，其实最好的解释文本已经告诉了你，就是本根。根是根本、根源、根由、根基。本是本体、本身、本质，应该还包括本色与本真。本根是大道的一个重要属性，大道的一个值得歌颂乃至膜拜的优越性，大道的一个重要品格。大道之所以是大道，在于它的本根性、根本性。但本根并不完全等同于大道。大道不仅是本根，而且是法则，是缘起，是归宿，是覆盖，是总和，是无穷与永恒。但谈本根必然通向大道。天地则是大道的表现，大道的硬件、硬体或下载。从对天地的观察与歌颂出发，下一步就是寻找感悟天地的本根，寻找本根。壮哉，通向大道的精神旅程开始了。

天地万物，这里谈到了它们的很多特色：多样、有序、自然、宏伟、沉浮、不言、无定形、变动不羁、惛然若亡、它们的主心骨是大道，它们的本质与本体是大道。以大道为纲，对天地万物的认识豁然贯通。当然这里头有中国文化的一个重大轻小、重总括轻分析、重人文并混合文史哲而轻自然科学尤其是技术科学的传统在内，有一个自古以来人们信奉的『抓牛鼻子』论在里头。这样的理论颇可享受，颇可共舞，与之合唱、对唱，但有极大的片面性。它忽视了另一个通向大道、通向真理的路径：分门别类，从具体分析，从现象出发，从感觉、感性、感知出发，达到综合与抽象，达到概括与本质。相对于西方文化，我们忽略自然科学，忽略具体事物、学科的千差万别，这无论如何是中国文化的一个不幸。

『六合为巨』，至大矣，但是『未离其内』，仍处于本根——大道之内。『秋豪为小，待之成体』，是本根的元素使纤细渺小的秋毫具备了形体，就是说大道又成为构建细小的秋毫的一个因素，本根乃是在秋毫之内，如老子所论述的以『无有入无间』（第四十三章）。原因就在于，六合——上下东南西北的三维空间，巨则甚大矣，仍然是有形的世界属性，即世界的空间性。而本根的思考，是无形的，是思辨的花朵，是神性（形而上、精神、超验性、先验性、彼岸性——在人生的此岸，活人的具体具象的世界中接触不到，或存在于生前死后的另一个世界之中）的概念。无形的神胜于有形的物，比六合更巨大，比秋毫更细微，于是玄而又玄，众妙之门的赞叹吟咏，又出来了。

三　一谈就入睡，这才是道吗

嚙缺问道乎被衣，被衣曰：『若正汝形，一汝视，天和将至；摄汝知，一汝度，神将来舍。德将为汝美，道将为汝居，

汝瞳焉如新生之犊而无求其故！

言未卒，齧缺睡寐。被衣大说，行歌而去之，曰：『形若槁骸，心若死灰，真其实知，不以故自持，媒媒晦晦，无心而不可与谋。彼何人哉！』

齧缺向被衣请教对于大道的领悟，被衣说：『请先做到端正你的形态外表，使之专一，这样，天生的和顺的气息与状态机制便会出现在你这里；还请收敛你的智巧，齐一你的注意力，神采、神力就会驻留在你的心中。玄德将因为你的纯朴而与你同在，大道将因为你的虚静而与你同在，你的目光，你的眸子就像初生的小牛犊那样纯洁，不会去在意外在的任何事件！

被衣话说完，齧缺已经睡着了。被衣见了十分高兴，唱着歌儿离去，说：『身形犹如干枯的骨头架子，内心犹如死灰，朴实无华，单纯本真，不因为任何缘故任何事情而装腔作势，有所矜持，混混沌沌，昏昏暗暗，没有任何心计，谁也不可能与之共谋。这是什么样的有道之人啊！』

这个故事我愿意戏称之为『内愚一』主义。第一，它重视的是内存的省视，是忘记客观世界，忘记对象，以枯槁或槁木即枯树死灰的心情忽略外物，要做到死猪不怕开水烫，死人不怕鞭尸、死狗不馋骨头的境地。它认定，大道会出现于内心，只要你不搅扰它，不去分散它，不去冲击它，心中自有大道，心中自有本根，心中自有天地，心中自有大美与玄德。一头是天与地，是六合，是四时，是万物万象，一头是内心，而把中间的一大块，尤其是人间一大块、社会一大块全部抹掉忘掉。

第二，重视愚，而智是苦恼与败坏、纷争与仇恨的根源。怎么个愚法？这一段颇有新意，庄子喜欢的愚的特点是速可眠，是舒乐安定，是睡大觉主义。高人善睡，刘备三顾茅庐，碰到的山人诸葛孔明，叫做『大梦谁先觉，平生我自知。草堂春睡足，窗外日迟迟』。诸葛亮向读者的第一次亮相是他的充足的，决无神经衰弱的睡态。齧缺刚请教完，听了几个字就睡着了，因而获得被衣的高度称赞。这个『愚』字包含了经常处于高度抑制状态的意思，即绝不兴奋，绝不张扬，绝不显摆。

将失眠与否不是当作神经系统或精神系统的健康状况来作临床诊断，而是当作一种精神境界来看，这也是中土独有的思路。至人无梦，前文中已有说法，即已经从是否善睡上看火候看修养看道行了。

《孟子·公孙丑下》有道是『得道者多助，失道者寡助』，当然孟子更通俗。反过来推论，是不是读通《庄子》有利睡眠呢？《知北游》中的这一段描写不妨说成是『得道者多眠，失道者寡眠』，比孟子讲的道与庄子的道不相同，但说不准的，现代性被许多有识者诟病的问题之一，是神经紧张、失眠的人越来越多，患躁郁症的人越来越多。请他们读读庄子，读读与老王共舞的庄子吧。读者一笑。

明白无误地提倡愚，批评乃至谴责知与智，是老庄学说的一个特点。中土哲学的非智反智主义，看来源远流长。

孔子没有太多地非智，但《论语》里讲『巧言令色』的批判，对于巧伪的说法，也让人觉得还是愚一点好。《三字经》里讲『首孝弟（悌），次见闻』，明确见闻（智、才）远远不像孝弟——德那样重要。这和中国悠久的封建制度有关，人们愚一点，有利于口喊万岁，见了君王就叩头如捣蒜。

当然，我们也可以考虑到，古代对于愚的解释也许包括了更多的积极正面的东西，例如返朴归真，例如说一不二，

例如不搞阴谋诡计等。于是有些喜爱老庄的学者，努力为之作出解释，说是这里的"愚"字不是傻与蠢，而是诚实朴素，

其实不必，傻、蠢也可能通向诚实朴素，同时更多地通向"愚"。

我们还要考虑到一个说法：大智若愚。起码世界上有两种愚，一种是弱智脑残，一种是超级的智慧与聪明，

像孔子所说的宁武子那样"邦有道则知，邦无道则愚"。邦无道，是说这个邦国天下大乱，人们不按牌理出牌，

只有超低低调，潜龙在渊，一问三不知，才能庶几有所等待，有所自保，有所回旋，至少是有所不为，即无为，即

沉默是金。在那种邦无道的情势下，你还特别想出风头，闹腾一气，结果必然是搭错车，上贼船，

一失足成千古恨。"文革"中我国就有这样的人物，与其说他们是智，不如说他们是聪明过头，机关算尽太聪明，

反误了卿卿性命。

与大智若愚并列，也会有大愚若智的情况，我们传统的说法叫做愚而诈，自命机灵鬼，诡计多端，小丑罢了。

另外此处的说法也表明了庄子提倡的愚与弱智状态的巨大区别：抱元守一，精神向一处拢，注意向一处聚，视听

走同一个方向，心智只认一个大道，自然不会失眠，不会闹心也不会致气，以一抵御杂、多、邪、故（事端）

还有贪欲之类的各种非道性侵扰。

四　汝身非汝有也

七四九
七五〇

舜问乎丞曰："道可得而有乎？"曰："汝身非汝有也，汝何得有夫道？"舜曰："吾身非吾有也，孰有之哉？"

曰："是天地之委形也；生非汝有，是天地之委和也；性命非汝有，是天地之委顺也；孙子非汝有，是天地之委蜕也。

故行不知所往，处不知所持，食不知所味；天地之强阳气也，又胡可得而邪？"

舜向丞请教："道可以获得并且归自己拥有吗？"丞说："你的身体都不是归你所有，又怎么能够获得大道，并据为己有呢？"舜说："什么，我的身体不归我所有？那么是哪一个能够拥有我的身体呢？"丞说："是天和地把形体委派下来、下载下来，成就了你的身体。你的生长、生活也不是归你个人所有的，那是天地委派、下载下来的阴阳之气，凝积合和，成就了你的生机；性命也不是你所自有的，那也是天地把平顺运转之气委派给你了；即使你的子孙也不是归你所有的，那是天地所委派、下载给你的。所以，一个如你这样的人，你行走，但是你准知道去哪里吗？你居住，你知道在把持与守护什么样的空间吗？你吃喝，你知道你的饮食滋味到底是怎么来的，到底是怎么回事吗？一个人的行走、居住和吃喝都不过是天地之气的运转而成，天地的生生不已与运转无休的阳气是这样强大活跃，又怎么可以由某个人获得并据为己有呢？"

这一段讲非私论、非有论，非私有之，叫做走向透彻，走向想得开。老子讲了，"吾所以有大患者，为吾有身，及吾无身，吾有何患"（第十三章），连自己的身体都不归自己私有了，还有什么可以患得患失的呢？《庄子》这里讲的是你的生死、性命、子孙都是天地之气结合形成的，是天地委托、委派给你的，是天地暂时给你使用、借用、代理、经管、照顾的。天与地是董事长董事会，你最多是科室或项目经理，一般只是见习学徒、科员，是被委托被委任的代理人或候补代理。这个委托是有时限的，期满停止委托，你的生死、性命、子孙，都再不归你经管，你的委托失效作废。

七五一
七五二

这样说来，何必还那么私心盈满、计较不休、争夺惨烈？同时，委托期内的这个是我的那个是他的等等歧义，又哪里

有那么严重，你占有的东西越多，天地收回去的也就越多。如果你确立一个一切的「我的」并非吾有的观念，你会不

会变得大气一些、豁达一些、开阔一些呢？

当然一切问题也不是随着一念的转变就迎刃而解。老子讲的是「生而不有，为而不恃，长而不宰」。老庄，甚至

于加上孔子，都喜欢讲天地不言——「有大美而不言，四时有明法而不议，万物有成理而不说」。就是说，你的生死

性命、子孙虽然是归天地所有，但是天地并不占有你，并不把持你，并不主宰你，你仍然是自由的，至少在你的有生

之日暂时是自由的。完全否定自己对自己的所有权、支配权，就那么正确吗？

五　没有足够的陶醉与向往，你怎么可能体悟大道

孔子问于老聃曰：「今日晏闲，敢问至道。」

老聃曰：「汝斋戒，疏瀹而心，澡雪而精神，掊击而知！夫道，窅然难言哉！将为汝言其崖略。」

「夫昭昭生于冥冥，有伦生于无形，精神生于道，形本生于精，而万物以形相生，故九窍者胎生，八窍者卵生。」

其来无迹，其往无崖，无门无房，四达之皇皇也。邀于此者，四肢强，思虑恂达，耳目聪明。其用心不劳，其应物无方。

天不得不高，地不得不广，日月不得不行，万物不得不昌，此其道与！

孔子问老聃说：「今天我们安闲无事，可以安安静静坐下来，我想我是不是可以请问您关于对大道的认知的问题。」

老聃说：「那得先请你斋戒，疏导通畅你的心灵，像用雪洗澡一样（或洗得像雪一样纯净）地清洁振奋你的精神，打

破你的心智成见！大道，真是深邃奥妙难以讲解啊！要不我给你说个概略吧。」

「清清楚楚的东西是从幽幽冥冥、昏昏暗暗中产生出来的，有抓挠有端绪有次序，摸得着首尾把柄的东西则产生

于混沌无形，精神产生于大道，形体产生于精髓、精气。万物是通过不同的形体演变而产生的（或谓万物的存在都是

从具有一个形体而开始的）。例如，具有九个孔窍的动物是胎生的，具有八个孔窍的动物是卵生的。（按，可能是指

七窍加大小便的孔道，而鸟类鱼类大小便出自一个孔窍，故比胎生动物少一窍。）它的到来不留痕迹，它的离去没有

边际——你不知道它自何处来到何处去，你不知道它从哪儿出出进进，也不知道它在哪儿居住停留，它却能够通向壮

阔辽远的四面八方。能追随与认同这样的伟大的道，与之一致一体，这样的人四肢会比较强健，思维会比较通达，耳

聪目明。他们虽然运用心思却不会疲惫不堪，应对外物也不会死板固执。天得不到它便不能高悬覆盖，地得不到它便

不能广阔宏远，太阳和月亮没有它便无法运行，万物没有它便不可能昌盛发展，这是什么呢？这就是大道啊！

又是一段颂歌，没有歌颂之心、崇拜之心，没有对于终极与虚空的陶醉与向往，你对于大道的理解与认知是不会

到位的。「昭昭生于冥冥」，此话甚美，是的，日月星辰似乎都是从黑暗中升起来的，而不是自来悬挂在光天之上的。

动物从母亲的身体中出生，也是昭昭出于冥冥。人的精神体验也是如此，只有冥冥中才能产生智慧之光的照耀，无奈

中才能产生光辉的选择，科学发现与神机妙算的光照产生于无计可施与苦心钻研，产生于困境黑洞。无门无房无涯无方，

正是这一切空间结构与特征的皆无，成就了它的无为而无不为，无能而无不能，无形而无不成。

关于卵生动物比胎生动物少一个窍穴的说法很实在细致，具象的形体的意义，在这里得到了高度的承认。然而，

王蒙讲说 《庄子》系列

七五三　七五四

得到承认的结论却是它们的并不重要，重要的是驱动，是本根、是大道、大同、大一。抽象高于具象，形而上高于形而下，大道高于万物，冥冥高于光曜，无高于有。中华古国的思想家有一种对于抽象与幽冥的崇拜与敬畏，甚至有时超过了对于光明的礼赞。

『且夫博之不必知，辩之不必慧，圣人以断之矣。若夫益之而不加益，损之而不加损者，圣人之所保也。渊渊乎其若海，巍巍乎其终则复始也，运量万物而不匮。则君子之道，彼其外与！万物皆往资焉而不匮，此其道与！』

『再说博读经典的人不一定意味着具有真知灼见，喜欢辩论的人不一定意味着分外聪慧（或者是说博闻并不需要智知、辩论并不需要聪慧），圣人对此是断然不取（或断然认定）的。至于有人想去增益它（大道），其实不可能对之再有什么真正增益；想去减少它，其实并无减少。那正是圣人坚持认为的。汪洋浩荡呀，大道它像大海一样，高大雄奇呀，其实并无增益；自认为有所减少，其实并无减少）。它的任何过程的结束也正是另一过程的开始。万物运动，推移变易，但是大道从不因为这些变动而缺少什么、亏损什么。那么，世俗君子所推崇的大道，都是那些外在的东西罢了！大道对万物作出自己的贡献，从不会因之感到匮乏，这才是道啊！』

这是中国式的物质不灭与能量不灭定律。对于大道，你无法增减损益，对于万物万象，你其实也无法增减损益。南水北调，你北面的水增加了，南面的水减少了，有一部分水在路途中渗漏了。一个城市进行增雨操作，必然使另一个地方降水有所减少。而大道本身的能量与存在是 8——无穷大，资助多少，使用多少对之全无影响。尤其是人类的那些表现、表演，博学未必多知，善辩未必聪慧，人的表演常常是坐井观天，是隔靴搔痒，是表层的小打小闹。但人们闹哄得厉害，常常把自己镇唬住，自以为闹出了多大动静，闹成了多大气候，可悲呀。也是难得有个庄子早就看到了这一方面，并致力于给人类降温呀。

老子还好一点，庄子则是对于大道的赞美太多太多，而来自大道的依靠、运用、参考、资助太少太少。对于一个伟大的东西，如果只剩下礼赞的份儿了，是不是也会影响心气呢？

『中国有人焉，非阴非阳，处于天地之间，直且为人，将反于宗。自本观之，生者，喑醷物也。虽有寿夭，相去几何？须臾之说也，奚足以为尧桀之是非！果蓏有理，人伦虽难，所以相齿。圣人遭之而不违，过之而不守。调而应之，德也；偶而应之，道也；帝之所兴，王之所起也。』

『中土好地方，有条件让人类栖居，他们处在天地之间，不偏于阴，也不偏于阳，说是人，也就一下子成了人形人体啦，暂时成了人形人体啦。最后，人们还是要返归他们的本原老根——阴阳天地大道上去。从本根上说，人的产生，不过是一时的气的聚合。虽然有长寿与短命的区分，其实所差又能有多少？说起来，个体生命的存在只不过是须臾之间，又哪里搞得明白什么唐尧和夏桀的大是大非！瓜果的生长自有一定的规律和秩序，人伦关系被人们搞得很复杂，也还可以有一个秩序，并不较劲，而错过了漏掉了什么事物，也就不会留恋嘀咕。碰上就碰上啦，丢弃也就丢弃啦。能够随时调整适应，这就是德，无心、随机却也能顺应、回应，这就是道；做到了德与道，帝业就能兴旺，王侯也能崛起。』

用一种平顺无心，即无可无不可的态度对待人生万事，包括对待生死，这是东方哲人的一个讲法，与西方强调胜利、成功、征服、竞争的说法有所区别。以大道为参照系，寿夭、是非、成败、顺逆、去留的区别似乎不足挂齿。如钱锺书的诗：「弈棋转烛事多端，饮水差知等暖寒。如膜妄心应褪尽，夜来无梦过邯郸。」（谓世事繁杂，棋局多变，饮水自知，暖寒岂有大异？抛掉不切实际的那种蒙蔽着自身、像一层薄膜一样的幻想吧，虽然车过邯郸，也不要做梦了吧。您老！）正在到来的一切，不需要欢迎，也不需要抗拒。不管你欢迎或抗拒，该来的都要来，迎为多余，脱裤子放屁，更不拒为愚蠢，螳臂当车，以卵击石、自欺欺人。正在逝去的一切，你也不必挽留哭泣，留也留不住，哭也哭不赢，更不必动辄摆出守护、守卫、与之共存亡的虚张声势。

万物万事万理，本来是增之不会多，减之不会少的存在，你能守个么鸟！不留不守，那么用不用为某些旧的过程的逝去而欢呼踊跃呢？《庄子》这一段没有说，显然也是不必要。不留不守不迎不拒了，少许多麻烦，但是做到这样通达与高瞻远瞩，是不是又显得冷血，过分随波逐流，乃至于混世了呢？

对于大道、宇宙、永恒与无穷大来说，个体的生命确实是渺小的，然而对于每一个个体来说，有生之年又是重要的，是享受也是奉献，是苦恼也是欢乐，是忧虑也是事功，是欲望也是圆满，是价值追求也是听其自然。与无相比，与零相比，生命是大而又大的机遇与馈赠，是最最珍贵的东西。

寿与夭，赫赫成就与一事无成，流芳百世与遗臭万年，当然不同，当然要有欢迎与拒绝的选择。过分贬低个体与生命，这是庄子无法不让人感到遗憾的地方。

『人生天地之间，若白驹之过郤，忽然而已。注然勃然，莫不出焉；油然漻然，莫不入焉。已化而生，又化而死。生物哀之，人类悲之。解其天弢，堕其天袠。纷乎宛乎，魂魄将往，乃身从之，乃大归乎！不形之形，形之不形，是人之所同知也，非将至之所务也。此众人之所同论也。彼至则不论，论则不至。明见无值，辩不若默。道不可闻，闻不若塞，此之谓大得。』

『人生于天地之间，就像骏马（或谓日光）掠过孔隙，不过是转眼间的事。万物聚集蓬勃，会有各种各样的存在发生与出现，同时万物自行变化，会有各种离去（进入无穷）与消失。变化而成为生命人形，来到世上，又会因变化而离开——死去。活着的生命为之哀哭，同类的人们也为之悲叹。可是所谓的死去，无非是解脱了天地收藏聚拢你的外鞘包裹，这也是人们所共同谈论的话题和说法。懂得了有无生死变化之理，就不必纠缠不休地去议论辩扯；没完没了地讨论这些也就是打破了天地对你的桎梏。变化推移，魂魄就要这样走了，身形也将随之而去，这就是最终的回本归宗啊！人本来没有形体，等到后来有了形体，又会发生变化，最后仍是没有了形体，这是人们都知晓的，却不是人们所追求所期待的。天地自然的道理，就永远说不清道不明这样深刻的大道理。道不可能通过言说而听闻，期待听闻不如塞低耳内省，沉默内视，才能有最大的收获。越是要求把一切弄个清楚明白，你就越是得不到什么有价值的认识；宏辞雄辩常常不如沉默不语。

在《庄子》乃至古今中外的种种典籍之中，这一段谈生与死的文字既沉郁又豁达，既实际又开通，甚至比内篇《大宗师》中所讲的子祀等四友以无为首，以死为尻，还有快死了设想化左臂为鸡，化右臂为蛋等等的忽悠感人得多，有说服力与感染力得多。人生如白驹过隙，这样的叹息不可谓不沉重。「忽然」「注然」「勃然」……无奈而又不能不

为之的赞叹。「莫不出焉」「莫不入焉」，你必须认可这事实，这天意，这大道。「大归」的说法既实在又健康得多了，「天弢」「天袤」之说，虽然高超，仍然在理，你接受起来就容易多了，比说死后左臂变为司晨公鸡贴谱多了。最后说是不必扯得太明太清，也很实在，与一味幽冥一味抽象不同。庄子《庄子》是善于早地拔葱的，极漂亮，但有时拔得过高过玄。而这一段拔得比较恳切实诚，博大而不失其性情，渊深而不失其情理，超拔而不失其平常、正常、有常。好！

六　道亦在屎溺，同时又是无问无应，无法问答

东郭子问于庄子曰：「所谓道，恶乎在？」庄子曰：「无所不在。」东郭子曰：「期而后可。」庄子曰：「在蝼蚁。」曰：「何其下邪？」曰：「在稊稗。」曰：「何其愈下邪？」曰：「在瓦甓。」曰：「何其愈甚邪？」曰：「在屎溺。」东郭子不应。

东郭子（或指住在城市东郊的一位先生）向庄子提问说：「人们所说的道，究竟是存在哪里呢？」庄子说：「大道无所不在。」东郭子说：「总得指出个具体的地方让我听听吧。」庄子说：「就在蝼蚁小虫之中。」东郭子说：「怎么你讲的是这样低下卑微？」庄子说：「在稻田的稗子杂草里。」东郭子说：「怎么越发低下了呢？」庄子说：「在瓦块砖头中。」东郭子说：「怎么越来越低下呢？」庄子说：「在大小便里。」东郭子听了后不再说话了。

王蒙讲说《庄子》系列

七五七　七五八

这无非是用一种极端的说法来说明道之无处不在，后来的禅宗，也是用同样的方法讲佛法的无处不在。能用极肃的态度对待屎尿（溺）的，可能不限于东方哲学与神学，例如西方医学，就极重视对于屎尿的检验，不仅重视屎尿，甚至也重视排气即放屁，大手术后必须有了排气之后才能进食。而捷克作家米兰·昆德拉喜欢钻屎尿的牛角尖，以屎尿的存在挑战耶稣的神性，其论说层次似不如庄、禅承认屎尿的道性即神性更高明。在科学、医学、哲学面前，一切平等，屎尿完全没有被轻视的理由。随着改革开放与生产力的发展、生活的提升，城乡的厕所与粪尿处理等问题也日益提到议事日程上来，其为道也，大矣哉。

中国的儒家是比较强调上下尊卑长幼大小内外之别的，不知那种谈屎尿就极不屑的感觉是否与这种非平等论有关。按庄子的主张，反而能视万物万象平等齐一些。一，万物万象不平等，这是事实，故而西方时兴一句话：「人生并不公正，但是仍然可爱。」二，万物万象其实又是平等的，其存在权、合理性、规律性（道性）、变易性、具体性与暂时性，其实是统一的。两者都照顾到，才是好。

庄子曰：「夫子之问也，固不及质。正获之问于监市履狶也，每下愈况。汝唯莫必，无乎逃物。至道若是，大言亦然。周遍咸三者，异名同实，其指一也。尝相与游乎无何有之宫，同合而论，无所终穷乎！尝相与无为乎！澹而静乎！漠而清乎！调而闲乎！寥已吾志，无往焉而不知其所至，去而来而不知其所止，吾已往来焉而不知其所终。彷徨乎冯闳，大知入焉而不知其所穷。物物者与物无际，而物有际者，所谓物际者也。不际之际，际之不际者也。谓盈虚衰杀，彼为盈虚非盈虚，彼为衰杀非衰杀，彼为本末非本末，彼为积散非积散也。」

庄子说：「先生关于道在何处的提问，并没有触及道的品质。这正如一个名叫获的管理市场的官吏要从屠夫那里了解猪的肥瘦，最好是顺着猪腿的部位往下摸索，越是往下即不长多少肥肉的地方，也就越能探知肥瘦的真实情况。（意

即往下都有很多肥肉，此猪之肥则无疑矣。道也是这样，我方才越是往低下卑微里说，越是希望你能理解道的普遍性。）

如果你不是逃避对于大道的追寻盘问，也就不必回避任何存在与物事，没有什么东西不可以用来体悟道的。至道——

最高端最根本的大道是这样，最伟大的言说，即哲人关于道的概括、探索、形容与模写，人类对于大道的认知感悟也是这样。道是无所不在的，周、遍、咸三者说明了大道的特点，这三个用词名称不同，而实际内容却是同一的。让我们与它们一道，即带着对于大道的周、遍、咸的认识对无何有的王国去游历吧，让我们用混同合一的观点来理解世界与大道吧。宇宙万物的存在与变化是没有边际也没有穷尽的啊！让我们与大道一样地无为而游吧！淡泊而又静谧吧！广漠而又清明吧！调谐而又安闲吧！我的心志业已虚空寥阔，无意到达什么地方，也不知道将会去到哪里，去了总还要回来，我并不知道将会停留在什么地方，我已经体验到了在人间的来来往往，却并不了解哪儿是我最后的归宿。我彷徨逶巡在虚旷的太空，大智已经进入了冯太空，我们不知道我们将会获得一个什么样的结局。将外物当作外物的人类主体之一，跟万物本身并无边际分野，而外物之间的所谓分野，其实是人们认知与讲述上的分野所造成的。这些乃是没有分野的分野，也就是有了分野的盈满、虚乏、衰退、消亡，也都是人的说法，说是盈满或虚乏了，说是衰退或消亡也未必真是衰退或消亡了，同样说什么是细枝末节，未必就当真弄清了啥是细枝末节，认为是积聚或离散的，也完全可能并不就是真正的积聚或离散。」

讲人生——尤其是学道悟道者的寥阔感、淡泊感、澹静感、清闲感，以及模糊感、茫然感，都极到位。不知所至，不知所止，不知所穷，不际之际，际之不际，盈虚非盈虚，衰杀非衰杀，本末非本末，讲得如诗如歌，如琴如箫，如雾如雨，如云如霞，如醉如痴。只有最聪明最文学的人才会有这种最伤感最音乐又是最哲学，乃至于最富立体几何学、作图学、建筑学的感受。生而为华夏子孙，与庄周同类同族同文，读其文而思其人，不禁击节赞赏，怆然泪下，摇头摆尾，吟咏长叹，思绪幽幽，深情无限。庄周老儿，待老王把你拉到现今共舞蹁跹，也不枉为中华读书人一世也！

呵荷甘和神农一同以老龙吉为师学道。神农大白天靠着几案关上门睡觉，中午时分，呵荷甘推门进来说：「老龙吉死了！」神农一惊，抱着拐杖猛地站了起来，接着啪的一声丢下拐杖笑了，说：「老天知道我见识浅陋、理解迟钝、心志不专，所以（让老龙吉）丢下我走了。完了，我的先生！没有用至道的非凡言论来启发教导我，你就死去了啊！」

呵荷甘与神农同学于老龙吉。神农隐几阖户昼瞑，呵荷甘日中奓户而入曰：「老龙死矣！」神农隐几拥杖而起，嚗然放杖而笑，曰：「天知予僻陋慢诞，故弃予而死。已矣，夫子！无所发予之狂言而死矣夫！」

老师死了，学生内疚，把死因归在自己的鲁钝上，这个思路比较勉强，不那么可信，也就不能感人动人。中国士人讲究谦虚、自省、反求诸己，过头了就令人觉得不舒服。神农（不是三皇五帝中的神农氏）扶着拐杖，睡着大觉上学，显然是成人教育，老年教育，而不是儿童入学。一听老师死了，猛地站了起来，是受了惊，这是很自然的，再坐下大笑，不自然。坐得突兀，自己也有点难受，闻死而惊，闻死而笑，是后天学到的道，应该算是伪道。再有神农睡得正香，出来一个呵荷甘（这个名字干脆不像汉族）砰地推开了门，说明了老龙吉之死是猝死。如果老龙吉已经病了很久，神农与呵荷甘也就不大可能师从他老人家了。总之这个故事的破绽较多，是以意为之，不

是从生活出发的生动活泼的故事。至少从文学性上看，劣于《庄子》中的其他故事。

弇堈吊闻之，曰：「夫体道者，天下之君子所系焉。今子于道，秋豪之端万分未得处一焉，而犹知藏其狂言而死，又况夫体道者乎！视之无形，听之无声，于人之论者，谓之冥冥，所以论道，而非道也。」

弇堈吊听说了此事以后，说：「能够体悟大道与大道一体的人，天下的所有君子人都要依靠他。如今老龙吉对于道，连秋毫之末的万分之一也未能得到，尚且懂得隐藏有关的非惯常所能接受的谈吐而死去，又何况真正做到了与大道一体的人呢！大道看上去没有形状，听起来没有声音，人们谈论起道来，感受到的是昏昏暗暗、模糊不清，人们议论的道，实际上恐怕并不是真正的道。」

先说上是老龙吉对于道的体悟连秋毫末梢的万分之一都不够，这个量的表述趋向于零，这其实就是说他全未得道。

一个令神农反省内疚的老师，而且是已经作古的人，却被弇堈吊贬到如此程度，够令人丧气的了。刷地翻一个个儿，却原来是欲扬先抑，先把老龙吉的悟道贬成近于零，再说他懂得隐藏自己的狂言——与众不同的道论，予以肯定，反过来说那些整天侈谈大道的人，连老龙吉都差得远着呢。文章的论述，摇摆多姿，略嫌夸张，还能凑合着看。

前贤一般认为狂言即是至言，这个解释当然有理，但是明说狂言也并非《庄子》通例，此前还讲过大言等词，强调狂或许是讲那些有志于大道的了解尚不够火候的人与言论，是隔着一层的对于大道的体悟，真正够了火候了，就不怎么讲说了，也不会怎么狂狷疏放了，更多的会是无言与吾不知也了。

大道是不能讲说的，一讲就难免狂狷疏放，也许可以从这个角度来体会狂言的含义。

王蒙讲说《庄子》系列

七六一

七六二

于是泰清问乎无穷曰：「子知道乎？」无穷曰：「吾不知。」又问乎无为，无为曰：「吾知道。」曰：「子之知道，亦有数乎？」曰：「有。」曰：「其数若何？」无为曰：「吾知道之可以贵，可以贱，可以约，可以散，此吾所以知道之数也。」

泰清以之言也问乎无始曰：「若是，则无穷之弗知与无为之知，孰是而孰非乎？」无始曰：「不知深矣，知之浅矣，弗知内矣，知之外矣。」

于是泰清仰而叹曰：「弗知乃知乎！知乃不知乎！孰知不知之知？」

泰清问道：「你知道道吗？」无穷回答：「我不知道。」又问无为，无为回答说：「我知道道。」

泰清问：「你知道道，那么道是有定数有规律的吗？」「有。」泰清问：「道的定数与规律是怎么样的呢？」无为说：「我知道道可以尊贵于上，也可以卑贱于下，可以凝聚结合，也可以脱离分散，这就是我所了解的道的定数与规律呀。」

于是，泰清向无穷提问，说……「你知道什么是道吗？」无穷回答：「我不知道。」又问无为，无为回答说：「我知道道。」

泰清把上述的问答告诉无始，并询问无始的看法，说……「如果是这样说来，那么无穷的不知道和无为的知道，两种说法谁对谁错呢？」无始说：「说不知，其实是知道了大道的深邃玄奥，说知道，则只是知道比较肤浅的一些东西，不知道是处于大道内里的感受，而所谓的知道，却是从外面观察思索大道的感受。」于是泰清仰起头来叹息说：「原来，不知道才是真正的知道啊！而知道就是真正的不知道啊！又有谁能体悟到这种不知道的真知道呢？」

这样的辩证法是很容易把自己与别人同时绕糊涂的。知道其实是不知道，后来又说是只知道道很浅很表面的道。

知之浅矣，说明浅处仍然有道，道仍然有深浅之别，而浅处的道比较易于知之，那就还是知道的深，

不是丝毫不知。不知深矣，则比较麻烦，越不知越是知道的深，深知干脆等同于不知，白痴等于大知，好讲下去吗？

王蒙讲说《庄子》系列

无始曰：「道不可闻，闻而非也；道不可见，见而非也；道不可言，言而非也。知形形之不形乎！道不当名。」

无始说：「道不可能听到，听到的就不是道；道不可能看见，看见的就不是道；道不可能言说，言说出来的就不是道。要知道化生了一切形体的道，本身却是无形的啊！这样的道也就不可以命名。」

从数学的意义上理解道，可以说道恰恰是连结了数学概念的两端，一端是零，一端是无穷大。道的形状、称述、讨论、定义、意志、开端、终极……都往零上发展，道的作用、意义、囊括的方面、时间与空间的伸延，都往无穷大上靠拢。

正因为它是零形体、零称述、零讨论，它才是无处不在、无处不有、无处不起作用的，才是可以无有入无间的。无间，即无距离无缝隙，什么也进不去，但道是无有的，它不占任何特定的时间，所以它是无穷的与永恒的。它不可以言说，所以怎么说都是对的或都是不对的，你怎么崇拜它、信仰它、想象它、感悟它都是有理的。

正因为它什么具体问题也不解决，所以它什么问题都解决了。

再概括一下，道的根本品质在于「无」字上。万物生于有，有生于无，大道的特点是无色无形、无心无忧、无欲无惊、练无功、无为，无争、无名无言、无私无特、无咎无忧、无知无谋、无取无失、无区别无歧义，最后到了无为无不为的境界。这个「无为」有人解释为「有为」，即老子等人说了半天无为其实还是有为的，至少是便利万物能够自然而然地什么都为了嘛。

这样的解释不无道理，但是并不全面详尽。请细细琢磨，无不为与为的含义并不相同，这里不能简单地负得正，像佛家讲无，而是螺旋形的否定之否定。无不为中的不为，可能尚包括对于为的刻意躲避、拒绝、推托、恐惧的意思。正因为无不为也就不必老在那儿作无状、练无功、一直讲到无无上去，即那个无也无须死死把持，无须刻意无之。你既然什么都无了，也就不必

说无语、闹无字真经了。天天喊忠的「文革」时期，绝对少有真的忠。天天喊民主的地方，绝对缺失民主。天天闹腾健康的人，绝对不够健康。真正的无是无无的。

我们最最需要明白的是：既然无那个有，自然无那个无。从本质上说，如果无才是本原，那还有什么无要特别强调、要钻研、要论辩、要急赤白脸地闹腾的呢？有无相生，只有有「有」的前提，谈无才是必要的。恐龙原来是有的，后来由于它身躯过于庞大、消耗过于大量，还有什么什么原因，被淘汰绝了种，大家才说恐龙是无了。否则，一个根本就没有存在过的物种，又有什么变无的可能呢？

无为，是说你不要主观主义地刻意作为，无不为，则是说你也不必刻意吃力地不作为。例如你可以无欲，不使自己陷入欲望的火坑，但也可以无禁欲，欲望来了，如果自然、合理、正常、健康、有限度……也不以为欲，不以为意，不足为欲，不足较劲。人渴了喝一口水，不会认为这是一种欲望的煎熬，趋迫与满足。官员领到月薪，也不会意味着欲壑难填。男大当婚、女大当嫁，不是神经病，谁会责备他们的性欲呢？没完没了地酗酒与搂钱，靠权和钱玩弄异性，则是最恶劣的欲，最腐烂和愚蠢的「有为」了。

无之伟大在于，你彻底地钻研体悟起无来了，你就要无不为，无逃避，无做作，无不在（无所不在），无不有（无所不有），无不胜、无无、无无无，以至于无穷、无限、无涯、无际了，也就是说，你将拥有最大的无之有、无之王国、无之天堂了。

任何的无，都是另一个方面的有，无为的另一方面是无挂碍、无对手，是有自然、有大道、有万物的和谐。无争的另一方面是有大同、有包容、有此亦一是非彼亦一是非的闲暇与从容。无惊的另一方面是稳定与平和。无知的另一

方面是有朴素、有谦逊、有调整充实的足够空间。无虑的另一方面则至少有深深的呼吸吐纳与踏实的睡眠。无私更不

用说了，无私者才有大大方方的风度与宽广公正的胸怀。没有无，哪儿来的有？没有生，哪儿来的无？生命亦是如此，

没有死，哪儿有生的定义、生的珍惜、生的留恋？没有生的死的永恒与不尽滋味？

无始曰：『有问道而应之者，不知道也。虽问道者，亦未闻道。道无问，问无应。无应应之，

是无内也。以无内待问穷，若是者，外不观乎宇宙，内不知乎大初，是以不过乎昆仑，不游乎太虚。』

无始说：『有人问大道便给以应答的，恐怕是并不知道什么是道。同时那位热心地到处询问大道的人，他也不

能听闻大道的玄奥。道没有什么可问的，问了也没有什么可答的。没有什么可问的，这是在询问穷途末路，也是询问本

身的穷途末路；没有的回答却勉强回应，这说明自己心里没有什么内容内存，或是说明他对大道的了解远未登堂入室。

以空洞的内心回应穷途末路的提问，像这样的人，对外不能观察广阔的宇宙，对内不能了解自身的本原，所以他的精

神境界不能超过那巍峨的昆仑，也不能遨游于清虚宁寂的太虚之境。

这里评击对于大道的问答，在当时应该是有针对性的，但我辈不知其详。问穷云云，含义应该相当于今日北方口

语中仍有的所谓『穷问』。嘲笑的是那种无意义的、没话找话的、自己不知询问的目的与要求的无

聊提问，也是询问者缺少最最起码的知识与经验准备的提问，例如一个文盲向教授提问科学与学科。看来提问题也要

有点前提和基础，否则如现今某些传媒的采访提问，如问一个小英雄『你当时是怎么想的？』或问一个在灾难中失

去亲人的孩子：『你想不想你的亲人呢？』或问一位老人：『你是否感到自己老了？』令人听了起一身鸡皮疙瘩，真

格的是『穷问』啊。『游乎太虚』的说法令人想起《红楼梦》，宝玉梦到的太虚幻境，名称不是起源于《庄子》吗？

可以设想，老庄对于大道的宣讲，比起孔孟对于仁义的宣讲更抽象也更艰难，老庄应该不会少有这种被穷问、被

问穷、闻无内、无内闻的遭遇。这一段大讲无问无应的道理，也是在吐着苦水。

七 从有个无到连这个无也无了

光曜问乎无有曰：『夫子有乎？其无有乎？』光曜不得问，而孰视其状貌，窅然空然，终日视之而不见，听之而不闻，

搏之而不得也。光曜曰：『至矣，其孰能至此乎！予能有无矣，而未能无无也；及为无有矣，何从至此哉！』

光曜——虚空无所有——问无有：『先生你是存在呢？还是不存在呢？』无有不出声，光曜得不到回答，

便仔细观察无有的形状和相貌，晦暗、深邃、空无，看了一天也看不到什么，听了一天也听不到什么，摸了一天也没

有找到什么。

光曜说：『到了头儿啦，谁能够达到这样的高端呢！我能够领会到连无也无啦，即『无

无』啊，我的『无』仍然是无这个『有』罢了，从哪儿能提升到不但无有而且无的至高无上的境界呢！』

果然，说到无无就讲起无无来了。什么叫无有？一个官员被奉承，被献赠礼品，他告诉自己不可收礼，不可相信谀词，

他做到了谦虚谨慎两袖清风，他是无有不良趋向的。如果他的清名已经昭著，社会风气因之已经有所改变，他走到哪

里从无任何人生行贿、送礼、阿谀、拍马、讨好之念，本人除奉公守法地为人民服务外也根本不用考虑如何避开陷阱，

如果你那里民风朴实，道德高尚，官员基本应卯即可，无事可做，无政可施，无话要讲，无错

这就差不多是无无了。

要纠，按照庄子的理想就当真做到无无了。

而如果你是一个文人，你能不因争名夺利而嫉妒、生事、出丑、伤人、作秀、吹嘘、投机、大言欺世，你做到了

无有这些"劣迹"，比多数文人已经高出一大截。但你还要时时有所预防、有所警惕、有所矜持、有所反省与自我洗涤，

你最多是无有。你提高一步，从此对这些东西见若未见、闻若未闻，名利引诱等等对于你根本不存在，动机不存在，

无耻无聊的行为以元素不存在，为自己打算的想法不顺眼的可能性也不存在，看着别人不顺眼的可能性也不存在，标榜自己的必要也不存在，

你向着无无便靠近了一步。

光曜问无有，绝了。光曜美哉，然而他是一个有，他照到哪里哪里亮，照不到哪里，哪里不亮，漆黑黢黑。无有

自然漆黑，他无意使之漆黑，是自然漆黑。无有自然无界，不是他开疆拓土，扩大四界，而是压根儿没有边界。无有

没有冲撞，不是疏导有方，腾出了大路，亮出了绿灯，而是压根儿谁也碰撞不到谁。光曜看无有，吗也看不见，不是

无有隐身，而是他本来就一不亮二无物三无形四无色五无声六无痕迹，你看个什么劲儿呢？看就是穷看，听就是穷听，

问就是穷问，对话就是穷说。无有不回答提问，不是不回答，而是他根本不会说话。到了头儿啦。

这里还有一个认识的过程，无非无，什么意思？万物生于有，有生于无。无中包含着有的因素，有中包含着无的因素，

这个好说，人生下来是有了，但最后要死，这是无的因素存在的铁证。世界上本来并无银河系，后来有了。本来没有

太阳系与地球，后来有了。本来没有生命，后来有了。本来没有庄子，后来有了。本来没有本书，书

业接受编辑出版了，这些都是无中生有。（不是如后世所传，无中生有乃造谣生事，凭空诬陷意。）无无，则两面都

王蒙讲说

《庄子》系列

七六七　七六八

解得通，一个就是说连这个可能生有的另一个无也无有了。一个是既然任何无都可能生有，也就不必强调什么无不无

的了。当然从理论上说，这没有完。你只有无无无……下去才能保证无有，然而，这样下去，也就是还是会有的了。

老庄有天才的理念，然而太彻底，永远做不到，做不到还要讲究这种理念，可供参考，可供阅读，可以提供最好的精

神享受，也可以馈赠你永远的糊涂与迷茫，它是精神上的仙丹，是精神上的茅台与人头马。

大马之捶钩者，年八十矣，而不失豪芒。大马曰：「子巧与，有道与？」曰：「臣有守也。臣之年二十而好捶钩，

于物无视也，非钩无察也。是用之者，假不用者也，以长得其用，而况乎无不用者乎！物孰不资焉！」

大司马问：「你是特别手巧吗，还是有什么道的讲究呢？」捶制带钩的老人说：「我是有我坚持守护的原则的。我二十岁时就喜好捶制带钩这件工作，对于

其他无关的事物我连看也不多看一眼，不是带钩就不会招引我关心。我用心于此，是把本来可能用于他物他事的精力

全用在捶制带钩上了（即不旁骛那些于我无用亦无可用心之事），因而使我的心思、精力得到更好的发挥和运用，何

况是无所不用心呢？能够这样，外物怎么会不帮助我顺利做事呢？」

大司马家捶制带钩的师傅，年已八十，做起活来从不会出现丝毫的误差。

是的，即使仅仅从集中注意力的角度也可以看出有所不为有所放弃的重要性。你集中注意力于学问，就不可过于

分心于流俗利害、小得小失。你集中于创造，就不可过于分心于他人的一时反应，接受还是不接受。你集中于事业，

就不可分心于个人利益的最大化。你集中于A，就不可分散精力于B。

但事物也有另一面，有些是相辅相成的。爱因斯坦是物理学家，同时他热爱演奏小提琴。一辈子制作带钩，似乎

难以达到出神入化之境，除非他有另外的理念、学问与高端的修习。

冉求问于仲尼曰：「未有天地可知邪？」仲尼曰：「可，古犹今也。」冉求失问而退。明日复见，曰：「昔者吾问『未有天地可知乎』，夫子曰：『可，古犹今也』，昔日吾昭然，今日吾昧然，敢问何谓也？」仲尼曰：「昔之昭然也，神者先受之；今之昧然也，且又为不神者求邪！无古无今，无始无终。未有子孙而有子孙，可乎？」冉求未对。

冉求问孔子说：「天地产生以前，我们可以知道吗？」孔子说：「可以啊，古时候的情况就像今天一样。」冉求觉得没有得到满意的回答，也没的再问了，第二天再次相见，说：「昨天我里还明白，今天越想越糊涂了，请问先生您说的是什么意思呢？」孔子说：「昨天你觉得明白，是因为你的精神先有所接受，今天你越来越糊涂了，是因为又离开了精神，而去追究具体形迹去了。没有古就没有今，没有开始就没有终结。从来不曾有子孙，却突然有了很多的子子孙孙，可能吗？」冉求不能回答。

始终如一，古今一体，知古则可知今，知今则可知古，这是事物与认识论的一个方面。没有原先的子孙，就不会有今日的子孙，这也证明了古今之不可分割。但事物又有另一方面，古今大异其趣的事多着呢。否则，老子、庄子，有时候还有孔子，又何必动不动怀念先王之治呢？

求其精神，求其神似，求其形象，求其具体，则茫然不知其解。这样一说，高妙则高妙矣，又有些打马虎眼的味道。大而化之，马而虎之，物而齐之，岂止古今如一，呼牛即牛，呼马即马，呼龙则龙，呼蛇则蛇，牛马龙蛇都一体化了，还说啥呢？

王蒙讲说《庄子》系列

仲尼曰：「已矣，未应矣！不以生生死，不以死死生。死生有待邪？皆有所一体。有先天地生者物邪？物物者非物。物出不得先物也，犹其有物也。犹其有物也，无已。圣人之爱人也终无已者，亦乃取于是者也。」

孔子说：「算了，不必再回答了！我们无法为了生而使死死生，也不可能为了死而使生者死去。人的死和生是互相等待着的吗？其实它们是一个整体。有先于天地而生出的物体吗？使万物成为万物的并不是具有同样形体的物本身。先于万物而产生的不可能是同类的物体，而是大道。我们的感觉是本来就有物，物的存在也就没有终了了。圣人为什么对于人的仁爱始终没有终结呢，也就是取法于万物的永恒存在。」

生与死，物与物，还有最早的先于天地的物体，这又是一个先有鸡还是先有蛋的问题。这里虚拟的孔子认为，生与死本来就是一体的，古与今本来就是一体不可分的，物的存在压根儿就是这样的。这种说法，从天体史与地球史上看不准确，但是从物质不灭定律与能量不灭定律来说，是有道理的。

这里努力探求比物更本原的存在，如果物的本原是同样的物，那就没有本源本原可说。「物物者非物，物出不得先物」，就是说使万物成为万物的不是某一个物，某一种物的出现不可能先于一切的物，那么这里能够给予解释的只有道。道既是物的本原，也是物的总体，同时是物的道理、规律，是天地的本根。其实到了这里，物与道已经一致了。

八 在森林和原野是多么逍遥

颜渊问乎仲尼曰：「回尝闻诸夫子曰：『无有所将，无有所迎。』回敢问其游。」

仲尼曰：「古之人外化而内不化，今之人内化而外不化。与物化者，一不化者也。安化安不化，安与之相靡，必与之莫多。狶韦氏之囿，黄帝之圃，有虞氏之宫，汤武之室。君子之人，若儒墨者师，故以是非相齑也，而况今之人乎！圣人处物不伤物。不伤物者，物亦不能伤也。唯无所伤者，为能与人相将迎。山林与？皋壤与？使我欣然而乐与！乐未毕也，哀又继之。哀乐之来，吾不能御，其去弗能止。悲夫，世人直为物逆旅耳！夫知遇而不知所不遇，知能能而不能所不能。无知无能者，固人之所不免也。夫务免乎人之所不免者，岂不亦悲哉！至言去言，至为去为。齐知之所知，则浅矣。」

颜渊问孔子说："我曾听先生说过："对于一切事物人员，不必有所送行，也不必有所迎接。"请问先生，这样讲的缘由何在（或应该怎样最恰当地因应活动）？"

孔子说："古时候的人，外表变化很多但内心却一如既往；现在的人，内心不断变化而外表却保持一贯，不露声色。与外物一起变化的人，内心一贯，并不随波逐流，可以跟随着外界不停地变化，也可以依然故我不变不化。与外在环境相顺应，有所调整是安然的，必定要变化了，被迫有所变化了，也并不觉得多出了点什么，有多少不同。狶韦氏的苑囿，黄帝的果林，虞舜的宫室，商汤、周武王的殿舍，都还是恰到好处，原来多大就是多大，不会因变化而追求扩张（或缩小）。而到了儒家、墨家之流的时期，就以是非好坏来相互争论不休了，何况现时的人，更不像样子啦！圣人与万物相处，也就能够与外物自然而然地相害外物，也不有取于外物。不伤害外物的人，外物也不可能伤害他。正因为相互无所伤害，也就能够与外物自然而然地相送相迎。是山林吗？是旷野吗？同样使我感到舒畅欢乐！可是欢乐还未消逝，人生的悲哀又会接着到来，悲哀与欢乐的到来，我无法抵御，悲哀与欢乐的离去，我也不可能挽留。可悲啊，世上的人们只不过是外物临时栖息的旅舍罢了（或，万物只不过是世人的旅舍罢了）。人们知道的是他遇到的事物，而不知道他所不曾遇到的事物。人们只能做到他能做的事情，而做不到他所不能做的事情。有所不知、有所不能，这本来就是人们所不可避免的。希图避开人人所不能避开的困境，难道不是太可怜了吗？最好的言论是取消言说，最好的行动是停止行动。一般人的知识和认知，实在是很浅陋啊。"

王蒙讲说《庄子》系列

七七一 七七二

大千事物，来了去了，来的时候无须欢迎，不管你欢迎不欢迎，该来的都要来；去的时候无须送行，不管你送行不送行，该走的都要走。这就是说，对待万物的消长变化，要采取随它去的态度，要承认这是不以人的意志为转移的。这里似乎与唯物论有相通处，也就不需要主观的跟着闹哄。

然后说是古人外变内不变，今人内变外不变，证明古人人心永古，前后一贯而外表无所谓，不得不与时俱化。今人人心不古，言行不一，表里不一，而外表不动声色。世风日下，人心不古，九斤老太式的牢骚在中国从先秦到现当代从未消失过，至今不变。向后看的人文情怀，在我国真是源远流长。

提到了几处古代建筑园林，未说明用意何在，古人的适可而止与随遇而安，批评今人的贪得无厌、骄奢淫逸与自取灭亡。

不伤害外物，也不被外物侵害，这是理论，这也是理念，因为不论自然界、生物界还是人类，都不可避免地产生矛盾，产生摩擦，存在生存竞争，优胜劣汰、弱肉强食，这是无法否认的现实。作为理想，互不相扰，当然是好。中华文化的一大特点是淡化与压制竞争，其可能的问题是影响社会进步与历史发展，也影响儒家教化的可行性、现实性，弄不好就成为满口仁义道德，一肚子男盗女娼。可取处是强调和谐有序，强调个人的主观感受，诸如逍遥自在、

潇洒无愧、适可而止，不驱动过多的向外扩张侵略。

「山林与？皋壤与？使我欣欣然而乐与」——在森林，在原野，我是快乐欣然的，「乐未毕也，哀又继之」——

欢乐还没有结束，悲哀已经袭上了心头。直至「悲夫，世人直为物逆旅耳」，这一段是极好的诗句或散文，而且似曾

相识。用这么简单的五十来个汉字，浓缩了人一生的良多感受。人生活在大自然中，似乎应该有一种天然的欢欣畅快，

然而，「乐未毕也，哀又继之」，人无百日好，花无千日红，天有不测风云，人有旦夕祸福，生老病死、祸福通蹇、

沉浮兴衰、聚散离合、恩怨情仇、天灾人祸……孰能无哀，孰能无憾？孰能一红到底？孰能芝麻开花节节高入云霄再

入九霄？李白为夜宴桃李园作序，乃叹曰「天地者万物之逆旅，光阴者百代之过客」，此情此语，直接出于《知北游》。

而一部《红楼梦》里反复吟咏的「喜荣华正好，恨无常又到」「厚地高天，堪叹古今情不尽」，也可以从这五十来个

字中找到源头，这五十来个字表现的正是人生的「情不能尽」也。

不但中国文学中有这样的说法，欧洲也有。这五十来个字恰恰像脍炙人口的丹麦民歌《在森林和原野》所唱：

在森林和原野是多么逍遥（山林与？皋壤与？使我欣欣然而乐与……）

这是多么美丽呀多么美丽呀，

鸟儿们在歌唱，

鸟儿们在舞蹈，

少女呀你为什么苦恼又悲伤？

王蒙讲说

《庄子》系列

七七三

七七四

这不就是丹麦版的「乐未毕也，哀又继之」吗？瞧，鸟儿们又唱又舞，甚至人们还有了逍遥感，少女却是苦恼而且悲伤起来！

《知北游》与丹麦民歌如此共鸣，甚至中译歌词用了《庄子》的「逍遥」二字，太令人欢乐也令人落泪了。

老王说：终极眷顾是神学的主旨，是宗教的本质。哲学、文学、艺术、科学、数学其实也有自己的终极眷顾。对

于俗人来说，终极的探索使之恐惧。对于哲人来说，终极的思辨令人心旷神怡而又心怀严肃。对于科学家来说，终极

的探讨是永远前行的驱动，是永远的理性的光辉。对于宗教信徒来说，终极的道性，就是佛陀，就是上帝，就是主，

就是天堂——完美与激情的巅峰——永远的家园。